ZWISCHEN NORD- UND OSTSEE

Paul-Gerhard Berndt

KOMPASS Wanderbuch

Der Autor **Paul-Gerhard Berndt** wurde 1947 in Bielefeld geboren. Seinen Wohnsitz wählte er frühzeitig als Fachkrankenpfleger für Anästhesie- und Intensivmedizin in seinen geliebten bayerischen Bergen. Doch schnell keimte in ihm die Sehnsucht zur Küste und der unendlichen Weite des Meeres. So wurde die A7 zwischen Füssen und Flensburg schon seit Jahren für ihn zur Traumstraße in den Urlaub. Mit seiner Frau und zwei Hunden erkundete und dokumentierte er alle in diesem Buch aufgeführten Wanderungen.

Auflage: 2003 · ISBN 3-84591-242-0 · Verlagsnummer 935

Text und Fotografie: Paul-Gerhard Berndt
Lektorat: Paul-Gerhard Berndt

Bildnachweis: S. 11 Archäologisches Landesmuseum Schloss Gottorf
Alle anderen Bilder stammen von Paul-Gerhard Berndt
Titelbild: Hafen Langballig Au
Bild Innentitel Seite 1: Utersum Strand
Foto S. 3: Dollerupholz

Grafische Herstellung: © KOMPASS-Karten GmbH
Wanderkartenausschnitte: © KOMPASS-Karten GmbH
Kartengrundlage Tourenübersichtskarte: © Mairs Geographischer Verlag

Da die Angaben eines Wanderführers in der heute so schnelllebigen Zeit fast ständig Veränderungen unterworfen sind, kann für die Richtigkeit keine Gewähr übernommen werden. Auch lehrt die Erfahrung, dass Irrtümer nie ganz zu vermeiden sind. Für Berichtigungen und Verbesserungsvorschläge ist die Redaktion stets dankbar. Korrekturhinweise bitte an folgende Anschrift:

KOMPASS-Karten GmbH, Kaplanstraße 2, A-6063 Rum/Innsbruck,
Telefon 0043-(0)512/26 55 61-0 · Fax 0043-(0)512/26 55 61-8
E-mail: kompass@kompass.at
http://www.kompass.at

Vorwort

Mit diesem Wanderbuch möchte ich Ihnen die abwechslungsreiche und geschichtsträchtige Landschaft von Angeln, dem Land zwischen Nord- und Ostsee an der Grenze zu Dänemark vorstellen, bekannt durch die Fernsehserie „Der Landarzt".
Als aktiver Feriengast aus Bayern vermisste ich ein fehlendes, gebietsübergreifend ausgeschildertes Wanderwegenetz und beschloss, diese Lücke zu schließen. Manche Gemeinden sind darin vorbildlich, andere setzen nur auf das Radwandern, viele unternehmen nichts.
Mit meinen Wandertouren führe ich Sie an die interessantesten Orte der Ost- und Westküste, aber auch in das Grenzgebiet von Dänemark. Gleichzeitig vermittle ich Ihnen genügend Hintergrundwissen zu Land, Geschichte und Natur.
Die Wanderungen an der Westküste sind zeitlich so gewählt, dass sie auch von „Tagesgästen", zum Beispiel auf den Inseln, bewältigt werden können. Über die drei großen Fernwanderwege E1, E6, und E9, die diese Region berühren, gibt es eigene Literatur im Fachhandel. Viele Tipps und Adressen sollen Ihnen bei der Urlaubsvorbereitung helfen.
Natürlich kann ich nicht jeden Tag alle Wanderungen ablaufen, deshalb würde ich mich über Hinweise auf Veränderungen oder Verbesserungsvorschläge freuen.

Ihr Paul-Gerhard Berndt

Wanderung	Länge-km	Zeit-Std.	Rundweg	Mit Fahrrad?
1	6	2	ja	nein
2	8	4	Mit Schiff	nein
3	8	3	ja	ja
4	12	4	Mit Schiff	nein
5	10	3	ja	ja
6	6	2	ja	nein
7	10	3	ja	nein
8	4	2	ja	nein
9	12	4	ja	nein
10	4	2	ja	nein
11	5	2	ja	ja
12	6	2	ja	Ja
13	6	2	ja	ja
14	13	5	ja	ja
15	5	3	ja	ja
16	7	3	ja	ja
17	6	2	nein	nein
18	12	3	ja	ja
19	10	3	ja	nein
20	6	3	ja	nein
21	6	3	ja	nein
22	6	2	ja	nein
23	5	2	ja	nein
24	6	3	ja	nein
25	5	2	ja	ja
26	1	1	ja	ja
27	4	2	ja	ja
28	6	2	ja	nein
29	4	2	ja	ja
30	4	1	ja	nein
31	6	3	ja	nein
32	3	2	ja	nein
33	4	2	ja	nein
34	1	1	ja	nein
35	8	2	ja	ja
36	4	2	ja	nein
37	6	2	ja	ja
38	16	5	Bus/Schiff	nein
39	20	6	ja	nein
40	3	1	nein	ja
41	13	3	Mit Bus	nein
42	6	2	ja	nein
43	16	4	ja	nein
44	15	4	Mit Bus	nein
45	10	3	ja	nein
46		2	ja	ja
47		2	ja	nein

Geschichte/Geologie

Es folgt ein kurzer Überblick, ohne auf Jahreszahlen einzugehen. Nähere Infos gibt es vor Ort bei den einzelnen Wanderungen, oder unter **http://www.geschichte.schleswig-holstein.de/**

Erdgeschichtlich gesehen ist Schleswig-Holstein ein sehr junges Land. Es verdankt seine Entstehung den Gletschern, die bei ihrem Vordringen aus Skandinavien Mengen von Geröll und Steine vor sich her schoben. Nach dem Abschmelzen der Eismassen blieben „Berge" von Schutt und Steinen liegen und bildeten so die Oberflächenstruktur des Landes. Die bis zu 500 Meter hohen Eisgletscher senkten durch ihr Gewicht den Erdboden, und isolierten soviel Wasser in sich, dass die Nord- und Ostsee trocken fielen. Auf dem Meeresboden entwickelten sich Tundra und Wälder. Die ersten Menschen besiedelten als Jäger und Sammler das Land. Sie konnten England auf dem Landweg erreichen. Erst nach Ende der letzten Eiszeit vor ca. 10.000 Jahren, und dem Abschmelzen der Gletscher folgte wieder ein Anstieg des Meeresspiegels um 30 m. Durch den fehlenden Eisdruck hob sich der Erdboden. Beides ist noch heute in abgeschwächter Form im Gange. Nord- und Ostsee liefen wieder voll Wasser.

Poppo Stein

In der Höhe von Schleswig war eine Nord- Südpassage nur auf einer Breite von ca. 7 Kilometern möglich. An dieser strategisch wichtigen Stelle errichteten etwa im Jahre 800 die Wikinger mit **Haithabu** den wichtigsten und größten Handelsplatz von Nordeuropa. Außer dem Nord- Südhandelsweg (auch Ochsen- oder Heerweg genannt) entwickelte sich dort auch ein Ost- Westhandelsweg. Kostbare Waren kamen aus dem Osten (Asien, Russland) mit dem Schiff über die Ostsee und die Schlei bis Haithabu. Bis zu 18 Anlegebrücken konnten im **Haddebyer Noor** nachgewiesen werden. Auf dem Landwege wurden dann die Güter nach Westen bis zum heutigen **Hollingstedt** an der **Treene** transportiert. Ab dort ging es dann wieder mit dem Schiff weiter über die Nordsee. Zum Schutz entstand hier die größte Verteidigungsanlage von Nordeuropa, das **Danewerk**, eine gewaltige Wallanlage von ca. 30 Kilometer Länge, die zum Teil noch heute erhalten ist, und zur Zeit als Wanderstrecke ausgebaut wird.

Ab 800 n. Chr. siedelten an der Westküste die Friesen. Sie lebten lange Zeit mehr schlecht als recht mit den Tücken der Nordsee, bevor sie auf die Idee mit den Deichen kamen. Durch schwere Sturmfluten ging viel Land verloren, und Tausende kamen in den Fluten um. Die Friesen waren daran nicht ganz unschuldig. Denn durch den Torfabbau senkten sie ihr eigenes Land, so dass die mörderische Nordsee ein leichtes Spiel hatte. Inzwischen ist natürlich alles dort, wo es nötig ist, mit Deichen abgesichert. Das Oberflächenwasser wird über **Siele** bei Ebbe in die Nordsee entwässert. Bei ansteigendem Meeresspiegel (Flut) schließen diese Sieltore durch den Wasserdruck von außen, und das Oberflächenwasser muss bis zur nächsten Ebbe warten, um abfließen zu können.
Das Gebiet zwischen **Flensburg** und **Schleswig** war immer zwischen Dänen und Deutschen hart umkämpft. Interessante Museen befinden sich zu diesen Themen in **Haithabu**, **Danewerk**, **Düppeler Schanzen** (DK) und **Idstedt**. Nach dem 1. Weltkrieg wurden die Grenzen neu geordnet, und nach dem 2. Weltkrieg entstand das Bundesland Schleswig-Holstein. Die Landeshauptstadt wechselte von Schleswig nach Kiel, die Stadt Schleswig bekam dafür unter Anderem die **Landesmuseen**.

Landeswappen mit Nesselblatt und 2 Löwen

Tipps und Hinweise

Den Urlaubsort sollten sie östlich von Flensburg, an der gleichnamigen Förde wählen. Besonders zu empfehlen sind hier der Kurort **Glücksburg** und der Luftkurort **Langballigau**. Die Strände an der Förde bzw. Ostsee bis **Schleimünde** bieten sehr viel Abwechslung. Vom gepflegten Badestrand, FKK und Hundestrand bis hin zum einmaligen Naturstrand mit Dünen und Steilküste ist für jeden Geschmack gesorgt. Ein besonderer Ostsee-Vorteil ist, das Wasser verschwindet nicht alle 6 Stunden wie an der Nordsee, und ermöglicht mit den flachen Stränden ein kinderfreundliches Baden. Auch das Hinterland mit ausgedehnten Wäldern und unzähligen Seen bieten Möglichkeiten zum Wandern und Radeln. Dennoch kann man nach kurzer Fahrt alle Fährhäfen an der Westküste schnell erreichen und die Inseln und Halligen von **Sylt** bis **Pellworm** besuchen. Auch das nahe Dänemark lädt ein zum Besuch. Die Fahrt über die neue Brücke über den Großen Belt ermöglicht sogar einen Ausflug nach Kopenhagen. Sollte es doch mal regnen lockt ein Einkaufserlebnis in der nahen historischen Hafenstadt Flensburg. Interessant sind auch in **Schleswig** das Schleswig-Holsteinische Landesmuseum und im nahen **Haithabu** das **Wikinger-Museum**. Außer den Landestheatern Flensburg und Schleswig erreicht man in 1 bis 1½ Stunden Hamburg mit seinen Musiktheatern.
Der Kreis Schleswig-Flensburg hat eine Fläche von etwa 2070 Quadratkilometer, 132 Gemeinden, 192000 Einwohner. Flensburg ist eine Kreisfreie Stadt. Im Landkreis gibt es 19 Naturschutzgebiete und 19 Landschaftsschutzgebiete.

Reisezeit/Wetter

Wer es auf das Baden im Meer anlegt, sollte Juli/August fahren. Um diese Zeit gibt es statistisch leider die meisten Gewitter und Regenschauer, außer auf den Inseln und Halligen. In der Vor und Nachsaison verwöhnt einen die Natur mit der Farbenpracht der weiten Rapsfelder und dem Herbstlaub.

Unterkunft

Für jeden Geldbeutel und Anspruch gibt es genügend Möglichkeiten. Infos über die Tourist-Infos, Verkehrsvereine, Prospekte oder Internet. In Dänemark sind die Unterkünfte zwar günstig, aber durch die hohe Mehrwertsteuer die Lebensmittel und die Gastronomie sehr teuer. Wer die Abwechslung der Stadt liebt, und deren kulturelles Angebot, sollte sich eine Unterkunft längs der Flensburger Förde suchen.

Preise/Einkaufen

Die Preise für den Lebensunterhalt sind gleich, wie überall in Deutschland. Es macht einen Unterschied, ob ich beim Aldi oder im Delikatessladen kaufe. **„Werksverkauf“** in Satrup bei Redlefsen (Wurst- und Fleischwaren) oder tolle Süßigkeiten am Freitag in der Flensburger Dragee-Fabrik (FDF) unterhalb vom Volkspark gegenüber dem Industriehafen. **Frischfisch** gibt es vom Kutter im Hafen von Langballigau, Maasholm und selten auch in Flensburg. **Dänische Waren** sind teuer, aber wenn man auf die Angebote achtet, günstig bei „Rita“ in **Kruså** gleich links nach dem Grenzübergang Kupfermühle (Backwaren/Konfitüre/Kunstgewerbe usw.). Aldi gibt es in Dänemark in **Tøndern**, **Gråsten** und **Sønderburg**. Weil die Dänen dank ihrer hohen Preise Flensburg als Einkaufsstadt überfluten, ist das Warenangebot üppig und günstig. Wenn sie sich an der Pforte anmelden, können Sie jederzeit die **Flensburger Brauerei** natürlich mit Umtrunk, besichtigen. **Tanken** ist in Schleswig im Industriegebiet an der Flensburger Straße (Realmarkt, Fernsehturm) am günstigsten.

Tourist Büro/Kurtaxe

Hilfe und Informationen bekommt man in allen Tourist-Informationen. Ein wichtiger Tipp, der viel Geld spart: Bis auf Glücksburg sind alle Orte im Kreisgebiet kurabgabefrei!! Sehr positiv und ebenfalls gut fürs Portemonaie ist die „Förde-Card“, die unter Anderem freie Fahrt mit der Fördeschifffahrt, mit den dänischen und deutschen Buslinien längs der Flensburger Förde, und freier Eintritt in viele Museen der Region und an die Strände bietet. Die **Förde-Card** ist an den Touristinformationen entlang der Förde für 11,- Euro/3,50 Euro je Woche (2003) für Kinder erhältlich. Für die Zukunft ist die Einführung einer Ostsee-Card geplant, in der die jetztige Förde-Card integriert werden soll. Die **Ostsee-Card** wäre in Glücksburg eine Pflichtkarte, allerdings braucht dann keine Kurtaxe mehr bezahlt werden. In den übrigen Orten der Region ist der Erwerb der Karte freiwillig. Genauere Informationen sind zur Zeit der Drucklegung noch nicht verfügbar, jedoch über die Tourist-Informationen erhältlich. **http://www.ferieudengraenser.dk/Fjordsejl%20de/index.htm**

Übersichtskarten

An Kartenmaterial sollten Sie sich besorgen, **KOMPASS-Wanderkarten** 701/705/707/714. Sinnvoll sind auch die Karten des Landesvermessungsamtes Schleswig-Holstein: Nordfriesland Nord und Süd, Rendsburg/Eckernförde Nord und Kreis Dithmarschen, sowie der **Falk-Stadtplan von Flensburg**.

Sehenswürdigkeiten

- Die über 700 Jahre alte Handels- und Hafenstadt Flensburg mit ihrer Altstadt, den Speichern und stillen Kaufmannshöfen aus dem 17. und 18. Jahrhundert.
- Die Fischersiedlung Holm und der Dom in Schleswig.
- Schloss Glücksburg als Wiege der europäischen Königshäuser.
- Granitquaderkirchen in **Husby**, **Sörup**, **Munkbrarup** usw.
- Unzählige Hügel und Hünengräber. Haithabu, einstmals der größte Warenumschlagplatz im Norden. Hier kreuzten sich der Ost- Westhandelsweg (Ostsee-Nordsee) mit dem Nord- Südhandelsweg.
- dem Heer- oder Ochsenweg
- Die Wallanlagen des Danewerks, teils erhalten zwischen Haithabu und Hollingstedt.
- Runensteine bei Busdorf und am Haddebyer Noor.
- Moorleichen im Landesmuseum

Moorleiche im Landesmuseum

Gastronomie

Wie überall in Deutschland gibt es auch hier die Möglichkeit, zwischen einer Imbissbude und Nobelrestaurant satt zu werden. Die Preise liegen höher als z.B. in Bayern, aber günstiger als in Südbaden. Gute Erfahrungen im Preis-Leistungsverhältnis machte ich im Dörpskrug in **Ringsberg**, Adria-Grill Flensburg Tremmerupweg, Fischbistro im Fährhaus **Langballigau**, Spieskamer in **Hasselberg**, Fischimbiss im Citti-Markt **Flensburg** (B199 Richtung Niebüll). Die Küche ist unkompliziert/deftig. Grüne Hinweisschilder weisen auf die Gasthöfe hin. Wer viel Hunger hat, sollte auf die „Sattessen" achten, z.B. Scholle satt, Muscheln satt, Grünkohl satt usw. Umfangreiche Informationen über Veranstaltungen, Angebote der Geschäftswelt und Gastronomie erhält man durch die wöchentlich kostenlos erscheinenden Werbezeitungen.

Urlaub mit Vierbeinern

Gerade die Landschaft zwischen Nord und Ostsee bietet sich an für einen Urlaub mit seinen vierbeinigen Lieblingen. Es ist in den Sommermonaten nicht ganz so heiß, als in den Südländern. Wenn möglich sollte man seinen Urlaub in der Vor- oder Nachsaison legen, dann sind die Strände an Nord- und Ostsee frei zum Toben. Ein Problem an der Nordseeküste sind das ganze Jahr über die Schafe auf den Deichen. Hier sollte man auf die Inseln oder nach St. Peter-Ording ausweichen. An der Ostsee gibt es genügend freie Naturstrände, an denen Ihr Hund unendlich rennen kann. Es gibt eigene gekennzeichnete Hundestrände z.B. in Langballig, oder in Glücksburg sogar einen Hundewald.
Herrliche Touren sind die Wanderungen mit Hund rund um Holnis, entlang der Förde von Glücksburg nach Flensburg, entlang der Schlei von Kappeln nach Arnis, oder um das Haddebyer Noor bei Schleswig, oder auf der dänischen Seite von Kollund entlang der Förde bis Gråsten.
Tiernahrung, Dosen, Trockenfutter oder Gefrorenes gibt es in den zahlreich vorhandenen Geschäften für Tierartikel. Bitte auf die aktuelle Landeshundeverordnung achten.

Einreisebestimmung für Hunde nach Dänemark

Dänemark: Internationaler Impfpass mit Tollwutimpfbescheinigung erforderlich. Die Impfung muss mindestens 30 Tage und höchstens 1 Jahr vor der Einreise erfolgt sein. Sind keine 30 Tage zwischen Impfung und Einreise vergangen, ist eine Gesundheitsbescheinigung erforderlich. Diese muss von einem Tierarzt ausgestellt werden und darf nicht älter als 10 Tage sein.

Allgemeine Ein- und Ausreisebestimmungen

Deutschland und Dänemark gehören zu den Schengen-Staaten, deshalb werden seit dem 25. März 2001 keine Grenzkontrollen an den Binnengrenzen mehr durchgeführt, und man kann diese an allen geeigneten Stellen überschreiten. Nur an den Schengen- Außengrenzen, dazu gehören die Seegrenzen von Nord- und Ostsee und der Nord-Ostsee-Kanal finden weiterhin Kontrollen statt, und dürfen nur an den dafür vorgesehenen Grenzübergangsstellen passiert werden.
Die Flensburger Förde gilt als Binnengrenze zu Dänemark und kann an allen Stellen überschritten werden. Es sind weiterhin der Reisepass, oder der Personal- und Kinderausweis mitzuführen.

Stadtrundgang Flensburg

Wanderung durch die für Flensburg typischen Winkel einer historischen Hafenstadt mit vielen Kulturdenkmälern und besonderem Flair.

Aufwand: ca. 6 km / 2 Stunden	**Karte:** Kompass Nr. 707 Flensburg-Kappeln, Falk-Stadtplan
Einkehr: genügend in der Stadt	**Info:** Verkehrsverein Flensburg Tel. 0461-9090920 **http://www.flensburg.de/**

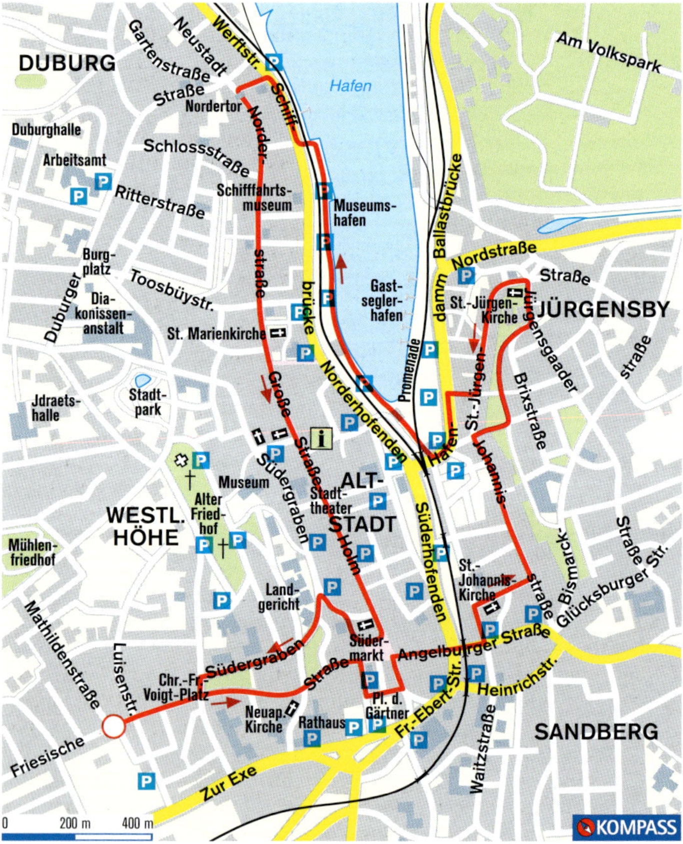

Anfahrt/Ausgangspunkt ist der kostenlose Großparkplatz Exe. Zu erreichen von der A7 und der B76 über die Abfahrt **Flensburg-Kappeln**, dann die B199 in Richtung Kappeln und nach ca. 500 m auf der linken Seite.

Entgegengesetzt zur B199 gehen wir nach links, (die B199 liegt rechts) bis auf die Friesische Straße. Diese gehen wir nach rechts, hinunter bis wir kurz vor dem Südermarkt nach rechts in die „**Rote Straße**" einbiegen. Hier wo sich früher das Rote Tor befand besichtigen sie bitte die liebevoll restaurierten Handwerkerhöfe auf der rechten Seite. Am Ende der Straße hinter einem Parkhaus gehen wir nach links und gelangen zum ehemaligen Franziskanerkloster aus dem 13. Jh. Das **Heiliggeist-Kloster** ist heute ein Alten- und Pflegeheim. Die Töpferstraße weiter, und an der nächsten Ecke die Dr. Todsen-Straße nach links zum Südermarkt.
An der Ecke vorher noch nach rechts blickt man auf der anderen Straßenseite der B199 auf das **Deutsche Haus**. Aus Dankbarkeit, dass sich Flensburg bei der Abstimmung 1920 für Deutsch und nicht für Dänemark entschied, stiftete das Deutsche Reich der Stadt den Saalbau. Wir folgen der Dr. Todsen-Straße bis zum **Südermarkt**, und dann die Angelburger Straße nach rechts hinunter und durch die Bahnunterführung bis die erste schmale Straße, die Süderfischer Straße nach links abzweigt. Hier gelangen wir zur ältesten Flensburger Kirche aus dem 12. Jahrhundert der **St. Johanniskirche**. Sehenswert der **Johanniskirchhof** mit seinen sanierten Altstadthäusern. Hinter der Kirche gehen wir den Dammhof an der Handwerkskammer entlang bis zur Johannisstraße, und diese dann nach links hinunter. Zu beachten ist das **Haus 49**, es wurde 1992 restauriert und etwas weiter auf der rechten Seite durch den großen Torbogen der **Margaretenhof** (wird zur Zeit restauriert). Dieser ehemalige Adelssitz und Fabrikantenvilla stammt aus dem 18. Jahrhundert. Dort wo die Johannisstraße zur St. Jürgensstraße wird zweigt nach rechts eine breite gewaltige Treppenanlage, die **St. Jürgenstreppe** ab.
Der Stadtteil Jürgensby lag an dem jetzt zugeschütteten ehemaligen Fördehafenbecken. In den historischen Häusern wohnten die Flensburger Kapitäne und Fischer. Die Freitreppe verbindet das **Fischerviertel** im Tal mit den repräsentativen Häuser der Gründerzeit auf **Jürgensby**. Wir erklimmen die Treppe (auf halber Höhe eine romantische Parkanlage) und haben von oben eine herrliche Sicht auf den Flensburger Hafen. Wir folgen nach links einem schmalen Weg der herrliche Ausblicke auf die Stadt zulässt bis zur Jürgensgaarder Straße. Diese gehen wir herunter bis zur St. Jürgenskirche. Wir gehen nach links um die Kirche herum und wandern die St. Jürgensstraße durch

das ehemalige Fischerviertel bis wir wieder zur St. Jürgenstreppe gelangen. Nach rechts durch die „Kurze Straße“ gelangen wir auf den Hafendamm. Diesen überqueren wir am Fußgängerüberweg, gehen durch die Unterführung und dann nach rechts „Am Kanalschuppen“ entlang zur **Hafenspitze**. Zur rechten Seite sehen wir den **Gastseglerhafen**. Wir gehen links vom Hafenbecken weiter bis zum Anleger. Von hier besteht eine Schiffsverbindung nach Kollund (DK), Glücksburg und Gråsten (DK), bitte aktuellen Fahrplan beachten. Gehen wir am Hafen entlang können wir dort etliche Schiffe bewundern, besonders betagte im **Museumshafen**.
Auf der anderen Straßenseite befinden sich die für eine Hafenstadt typischen Lokale und Etablissements. Zunächst das **Kompagnietor**, 1602 errichtet.
Im Giebel das Stadtwappen sowie das Siegel von König Christian dem 4. und der Königin Annakterina. Interessant die Hochwassermarken der letzten Flutkatastrophen. Als nächstes das älteste **Rum-Haus** in Flensburg. Der **Oluf-Samson-Gang** ist nicht nur wegen den historischen Häusern, sondern auch wegen dem, was dort in den Fenstern „präsentiert“ wird, sehenswert. Achtung, nicht fotografieren, dies gibt gewaltigen Ärger!!!!!!
Als nächstes kommen wir zum **Schifffahrtsmuseum** und dem **Rummuseum** im Keller. Auch sonntags geöffnet und nur dann freier Eintritt. Haben wir am Hafen den Anleger der Wasserschutzpolizei passiert biegen wir vor dem ehemaligen Volksbad nach links zum **Nordertor** ab. Das Nordertor ist Flensburgs Wahrzeichen. Bitte hindurchgehen und von der anderen Seite das Wappen und den Spruch lesen.
Ab hier beginnt nun die Einkaufsstraße von Flensburg, die sich über den Nordermarkt bis hin zum Südermarkt erstreckt. Die scheußlichen Überdachungen rechts und links vom Nordertor verschandeln den ganzen historischen Eindruck! Gehen wir nun über die Norderstraße durchs Zentrum befinden sich zur Bergseite hin die **Handwerkerhöfe**, und zum Hafen hin die **Kaufmannshöfe**. Die jeweiligen Höfe und Sehenswürdigkeiten sind durch die Stadt Flensburg vorbildlich gut sichtbar ausgeschildert **Haus 86** sehr schöner Kaufmannshof mit Speicherhaus zum Hafen hin. Norderstraße 8 **Alt-Flensburgerhaus** 1724 als Waisenhaus erbaut, heute dient es der dänischen Minderheit als Verwaltung. Stadtwappen und Wappen von König Friedrich 4. Gegenüber vom Oluf-Samson-Gang geht vor der dänischen Central Bibliothek die **Marientreppe** hinauf zur ehemaligen Duburg. Oben am Schlosswall gehen wir nach rechts zu einer Aussichtsplattform und können bei toller Aussicht ausschnaufen. Der Abstieg ist einfacher und bei der **Hausnummer 51** befindet sich ein Handwerkerhof. Wir überqueren die Tosbystraße und kommen zur **Marienkirche**. Sehenswert die Kanzel und der Hochaltar.

In den überdachten Bogengängen vom **Schrangenhaus** boten früher Schlachter und Bäcker ihre Waren feil. Gegenüber in der Marienstraße befindet sich das kleinste **Flensburger Rum-Haus**. Auf dem **Nordermarkt** befindet sich der **Neptunbrunnen**.
Vor dem Börsenkeller befindet sich auf der „Handwerkerseite" der **Neptunshof**. Inzwischen auf der großen Straße unbedingt links in den **Brasseriehof** schauen, großes Speicherhaus zum Hafen hin. Sehenswert rechts die **Heiliggeist Kirche**, die den Dänen als Gotteshaus dient. An der Rathausstraße können wir nach rechts abbiegen und sehen, welche Aufführungen uns im **Stadttheater** geboten werden. Für Touristen wichtig, hier braucht man nicht unbedingt Krawatte und Anzug. Wer noch Kondition und Zeit hat sollte gegenüber vom Theater die Treppe erklimmen und das sehenswerte **Städtische Museum** besuchen. Nach der Rathausstraße setzen wir jetzt den Weg über den Holm fort. Nach etlichen Höfen stoßen wir kurz vor dem Südermarkt auf die **Nikolaikirche**. Die Besichtigung ist ein Muss. Hinter der Kirche ersteigen wir über Treppen den Südergraben. Hier gehen wir nach links und kommen am **Gefängnis** vorbei. Unterhalb der dänischen Schule gelangen wir bei einer Grünanlage wieder auf die Friesische Straße. Von hier wieder zum **Parkplatz Exe**.

Flensburger Hafen

Kollund - Schusterkate - Flensburg

Schattige Waldwanderung mit vielen Ausblicken auf die Flensburger Förde in Verbindung mit einer Schifffahrt.

Aufwand: ca. 8 km / 4 Stunden	**Karte:** Kompass Nr. 707 Flensburg-Kappeln
Einkehr: auf dem Schiff oder in Flensburg	**Info:** Verkehrsverein Flensburg Tel. 0461-9090920

Anfahrt/Ausgangspunkt ist die Schiffsbrücke der MS „Hansalinie“ im Hafen von Flensburg.

Die Wanderung über den kleinsten Grenzübergang für Fußgänger in Nordeuropa war bis zum **Schengen-Abkommen** nur an bestimmten Tagen in der Woche möglich. Der Fahrpreis für die Schifffahrt beträgt zur Zeit 2 Euro hin und zurück nach Flensburg. Ob er verlangt wird, hängt vom „Tatendrang“ des Bordpersonals ab. Man hat es mehr auf die dänische Kundschaft abgesehen. Diese bleiben mehrere Stunden an Bord und lassen dort einige Kronen.
Es gibt einen Shop zum zollfreien Einkauf, aber nur bis 21% Alkohol. Für deutsche Kunden kaum interessant. Studieren sie lieber die **Speise- und Getränkekarte**, dies lohnt sich. Man kann natürlich in **Kollund** an Bord bleiben und erst beim nächsten Anlaufen dort aussteigen.
Vom Anleger in Kollund geht man die Straße etwa 10 m hinauf und dann der Beschilderung nach links, dem **Gendarmenstieg** folgend in den Wald. Nach ca. 20 m zweigen wir nach links ab. Ein Wanderweg führt durch den Buchenwald bis zu einer Treppenanlage, die wir erklimmen. Es folgt ein wildromantischer Weg oberhalb der Steilküste. Von hier haben wir ein **herrliches Panorama** auf die **Flensburger Innenförde**.
Wir wandern durch den Flensburger Staatsforst auf dänischem Boden. Deshalb hat die Dänische Regierung auf die Flensburger Bevölkerung Rücksicht nehmen müssen. Ihr Zugeständnis war die Schusterkate. Ein **Gedenkstein** erinnert an den Gestalter dieser herrlichen Landschaft. Nachdem wir einige Stufen wieder hinab steigen, folgen wir einem breiten Weg entlang der Förde durch Mischwald bis zu einer Brücke, dem **Grenzübergang Schusterkate**. Der Gendarmenstieg führt nach rechts weiter bis Krusau (auch Grenzübergang).
Wir gehen jetzt den Dammweg vor bis zur Hauptstraße und diese nach links hinunter zum Harrisleer Ortsteil Wassersleben. Vor den Ferienwohnungen biegen wir nach links ab zum Strand. Außerhalb der Saison kann man über den Parkplatz des ersten Einkaufsshop und Café zum Fördestrand gehen und entlang diesem bis zur Strandpromenade vor dem Hotel Wassersleben. Am Seglerhafen gehen wir weiter bis zum Ostsee-km 1,5!
Von einer Bank dort genießen wir die **Aussicht auf die Förde** und den Blick auf die **Marineoffiziersschule Mürwik**. Am Strand gehen wir weiter bis uns leider das Tor der Werft am Weiterkommen hindert. Am dortigen Spielplatz führt rechts ein Weg vorbei an der **Sophien Quelle**.
Unter den Kastanien gehen wir den Kopfsteinpflasterweg vor bis zur Straße. Diese gehen wir nach links, und dann geradeaus in die

Batteriestraße auf das Heizkraftwerk der Stadtwerke zu. Wir folgen den Schienen durch ein saniertes Industriegebiet bis zu einer Straßenkreuzung. Weiter den Schienen folgend gehen wir die Werftstraße vorbei an den Gebäuden des FFG (Flensburger Fahrzeugbau Gesellschaft) bis zum Hafen.
Am **Museumshafen** entlang kommen wir wieder zurück zum Ausgangspunkt.

Flensburg, die hochprozentige Stadt im Norden

Im 17. Jahrhundert entwickelte sich Flensburg zur bedeutendsten Handelsstadt im Norden, über den der Warenverkehr von Dänemark und den Schleswig-Holsteinischen Herzogtümern nach Russland, den nordischen Ländern bis hin nach Übersee abgewickelt wurde. Auf dem Rückweg von **Westindien** brachten die Handelsschiffe ein **„Rumkonzentrat"**, welches ein Abfallprodukt der Zuckerherstellung aus Zuckerrohr war, mit nach Flensburg. Hier wurde dem Konzentrat Wasser zugesetzt, und so die Rumkonzentration auf „Trinkstärke" herabgesetzt. Die besonders weiche Wasserqualität bewirkte, dass es in Flensburg bis zu 200 Brennereien, davon über 20 Rumhersteller gab. Nissen, Balle, Hansen, Andresen sind nur einige davon.

Kleines Rum - Lexikon

Original Rum

Er muss aus dem Herstellungsland stammen und darf nicht verändert, das heißt, weder mit Wasser noch mit anderem Alkohol vermischt werden.

Echter Rum

Ein Original-Rum, der in Deutschland mit Wasser aus einer Trinkstärke von mindestens 37,5 Prozent herabgesetzt wurde. Einige Sorten haben einem Alkoholgehalt von 40 bis 50 Prozent.

Rum-Verschnitt

Eine Mischung aus Orginal-Rum (Mindestanteil 5%) und neutralem Alkohol. Der Mindestalkoholgehalt beträgt 37,5 Vol.-%. Rum Verschnitte sind auch die Rumsorten, bei denen das Herkunftsland angegeben wird, z.B. „Echter-Jamaika-Rum".

Weißer Rum

Dieser Rum behält seine Originalfarbe (weiß wie bei allen Destillationsprodukten), während die Anderen ihre braune Farbe durch die Zugabe von Zuckercouleur erhalten. Die Gär- und Lagerzeit sind kürzer als bei dem braunen Rum.

Rumregatta auf der Förde

Vom Christiansenpark zur Marienhölzung

Abwechslungsreiche Stadt- und Parkwanderung

Aufwand: ca. 8 km / 3 Stunden	**Karte:** Kompass Nr. 707 Flensburg-Kappeln
Einkehr: In der Marienhölzung	**Info:** Verkehrsverein Flensburg Tel. 0461-9090920

Anfahrt/Ausgangspunkt sind die Parkplätze zwischen dem Städtischen Museum und dem Alten Friedhof. Besser noch auf dem Großparkplatz Exe parken, und von diesem über die „Friesische Straße" nach links in die Stuhrsalle bis zum Alten Friedhof, der rechts liegt. Zu dem Landschaftspark der Kaufmannsfamilie Christiansen gehört die Museumsanlage am Fördehang, der Alte Friedhof und der Christiansenpark.

Das imposante Städtische Museum im Stil der Neu Renaissance wurde 1900 erbaut und ist eine Besichtigung wert. Vom „Alten Friedhof" aus links neben dem Museum der große Klinkerbau im Stil der Neugotik ist die ehemalige Nikolaischule und gehört heute mit zum Museum. Rechts vom Museum, am Rande einer Grünanlage führt eine Treppe hinab in die Spiegelgrotte. Etliche an der Wand angebrachte Spiegel sorgen für eine Unendlichspiegelung.

Vom Lutherplatz (vor dem Museum) gehen wir durch die Grünanlagen zum Alten Friedhof. Sein Umriss stellt einen Sarkophag dar und wurde 1810 angelegt. Es gibt zahlreiche historische Grabmäler aus dem 19. Jahrhundert und etliche Soldatengräber aus den deutsch/dänischen Kriegen zu bewundern. Interessant ist auch die klassizistische Kapelle mit den 2 Flügeltüren. Nach den Plänen des bekannten preußischen Baumeisters K. Schinkel ließ sich die Familie Christiansen ein neugotisches Grabmal mit unterirdischer Gruft errichten (von der Reepschlägerbahn aus einsehbar).
Wir verlassen den Friedhof zur Stuhrsallee hin, und überqueren diese nach links beim Fußgängerüberweg. So gelangen wir gegenüber in den Christiansenpark. Diesen durchqueren wir, uns rechts haltend, auf dem breiten Weg zur Mühlenstraße hin. Links unten sehen wir eine Teichanlage. Hier befindet sich eine Mumiengrotte mit einem phönizischem Sarkophag, ein kleiner Wasserfall und ein Gedenkstein an die Gartenbauausstellung in Flensburg 1874. Bevor wir auf die Mühlenstraße kommen sehen wir rechts ein neugotisches Wirtschaftsgebäude aus dem Jahre 1820.
Die Mühlenstraße gehen wir nach links bis zum Wasserturm, und von dort nach rechts in die Friedhofstraße. Dieser folgen wir entlang dem Friedhof bis zur Westerallee. Diese nach links weiter bis zur Kreuzung Falkenberg. Hier gibt es einen Kiosk mit Erfrischungen. Wir gehen geradeaus weiter, unterqueren die E3 und gelangen so zur Haltestelle „Stille Liebe“. Danach gleich die erste Straße rechts entlang einer Kleingartenkolonie, dann geradeaus weiter in die Sackgasse bis zu einem Querbalken. Die „Stille Liebe“ ist ein Gebiet am Rande der Marienhölzung, in das sich bevorzugt Liebespärchen zurück zogen.
Die Marienhölzung ist mit 165 Hektar Fläche das größte zusammenhängende Waldgebiet von Flensburg. Hier befindet sich auch der höchste Punkt von der Stadt mit immerhin 63 Metern. Nach dem Querbalken beginnt ein Waldweg, der erst nach rechts und geradeaus zum Forsthaus führt. Nach links den breiten Weg zwischen den Forsthäusern hindurch gelangen wir an ein Gehege mit Damwild und Wildschweinen.
Wir bleiben nach dem Gehege auf dem breiten Weg und folgen an einer Wegkreuzung der Bezeichnung „schwarze Eisenbahn“ dieser Name geht auf die damaligen rauchenden und fauchenden Eisenbahnlocks der nahen Bahnlinie nach Padborg (DK) zurück. Durch Mischwald entlang der Bahnlinie führt dieser Weg immer geradeaus bis zum Wolfsmoorteich. Von einem Unterstand am See gehen wir nach rechts auf den Hauptweg, und diesen dann nach links entlang der Harrisleer Umgehungsstraße. Wir halten uns weiter geradeaus in Richtung **Harrislee** bis zu einer Wegegablung. Hier folgen wir nicht

dem Schild nach Harrislee, sondern gehen nach rechts den breiten Weg bis zu einem Restaurant.

Von hier aus immer der asphaltierten Straße Marienhölzungsweg entlang bis zur Brücke über die E3. Kurz vor der Brücke im Wald rechts befindet sich der Sängerstein. Hier traf man sich heimlich, um verbotene Lieder während des Krieges 1848 bis 1852 zu singen. Wir überqueren die E3, folgen dem Marienhölzungsweg vorbei am Tennisclub Flensburg und der rechts liegenden St. Gertrud Kirche bis zu einer Vorfahrtsstraße, der Duburger Straße. Diese wird geradeaus überquert, und vorbei am Diakonissenkrankenhaus gehen wir nach rechts in die Parkanlage.

Vorbei an einem Denkmal „Trommler von Kolding“ gelangen wir an unseren Ausgangspunkt der Wanderung zurück.

Städtisches Museum

Von Glücksburg nach Flensburg

Abwechslungsreiche Küstenwanderung mit herrlichem Panorama, kein Rundweg, zurück mit dem Schiff oder Bus.

Aufwand: ca. 12 km / 4 Stunden	**Karte:** Kompass Nr. 707 Flensburg-Kappeln
Einkehr: Viele Möglichkeiten an der Strecke	**Info:** Verkehrsverein Flensburg Tel. 0461-9090920

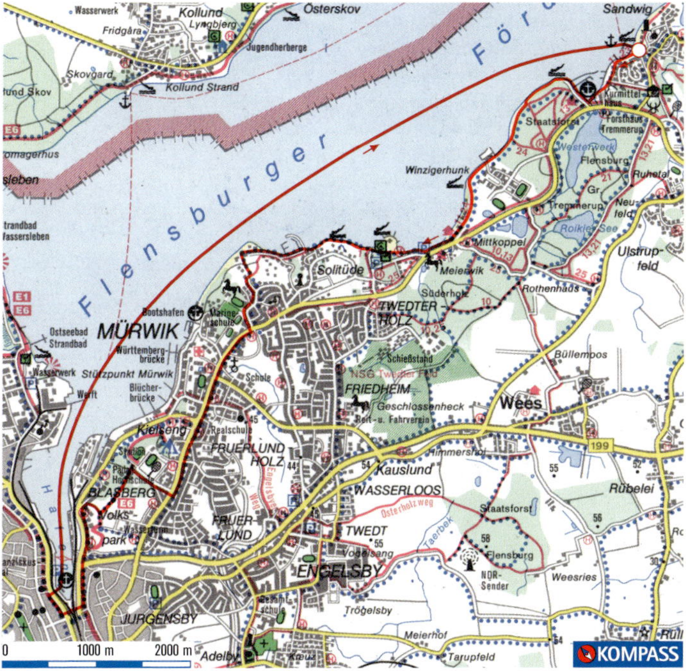

Anfahrt/Ausgangspunkt ist der Parkplatz vor dem Kurzentrum von Glücksburg. Zu erreichen von der B199 in Richtung Glücksburg.

Vom Parkplatz gehen wir zur Strandpromenade. Unterhalb des Hotels Intermar gehen wir am Strand nach links. Als erstes kommen wir zur **Hanseatischen Yachtschule**. Sie ist die größte und bekannteste ihrer Art in Nordeuropa und wird auch die Segeluniversität genannt.

Internatmäßig kann man hier alle Scheine erwerben. Die nächsten Boote gehören zum **Flensburger Segelclub**. Wir kommen an eine Brücke, an der wir rechts wenn wir Glück haben, alle möglichen Schiffsmodelle schwimmen sehen können. Wir gehen nach rechts vorbei am **Gasthaus Quellental**. Es hat einen sehr schönen Biergarten, leider ärgern einen hier im Sommer sehr die Mücken. Vorbei an einem eisernen Tor bleiben wir direkt am Ufer der Förde. Wir gehen jetzt unterhalb vom **Forst Wille**, einer der noch übriggebliebenen Waldbestände der ehemaligen Grundmoränenlandschaft Angelns. Der Buchenwald reicht hinunter bis zum Fördeufer und am Steilhang findet man seltene Pflanzen. Mehrere Quellen entspringen dem Hang. Am Kiesstrand finden wir angeschwemmten Blasentang und Miesmuscheln.
Hinter dem Forst Wille gehen wir den zunächst breiten Weg weiter am Fördeufer entlang. Oberhalb liegt das **Ostseeflottenkommando** der Marine. Der Weg wird schmaler und am Spitz gehen wir den Weg nach oben wo Privat steht oder hinunter zum Strand. An diesem gehen wir auf die Häuser zu. Im Bogen stoßen wir auf einen Betonbehälter. Hier am Wasserbehälter müssen wir entgültig den Strand verlassen und steigen hinauf. Nach rechts haltend folgen wir dem Weg 7 an Villen vorbei zur Hauptstraße, und oberhalb vom Hotel Meierhof nach rechts, bis wir wieder an das Fördeufer kommen. Hier befindet sich einer der Flensburger Badeplätze, die **Solitüde**. Wir gehen den untersten Uferweg entlang und sehen zurückblickend die Ochseninseln und den Flottenstützpunkt. Vor uns liegt der Badeplatz mit Anleger und Rettungsstation.
Oberhalb vom Spielsplatz befindet sich ein Italienisches Restaurant. Wir gehen die Standpromenade weiter bis zum **Seglerhafen**. Von hier folgen wir dem Ostseeufer Radwanderweg. Die Straße Twedter Mark führt uns vorbei an der Sportschule zu einer Ampel an der Fördestraße. An dieser überqueren wir die Strasse und gehen auf dem Fußweg nach rechts hinunter. In der **Sportschule** befand sich am Ende des Zweiten Weltkrieges das Oberkommando der Wehrmacht, und war Anfang Mai Sitz der letzten deutschen Reichsregierung unter Großadmiral Dönitz. Am 23 Mai 1945 wurde hier die Reichsregierung und der Stab des Oberkommandos der Wehrmacht von Britischen Truppen gefangen genommen. Das Hakenkreuz hat man aus dem steinernen Adler entfernt.
Als nächstes kommen wir vorbei am Kraftfahrtbundesamt. Wir bleiben jetzt immer auf der Mürwiker Straße. Nach der Evangelischen Kirche links liegt rechts die Marinefernmeldeschule. Dort wo jetzt ein Straßentunnel endet bleiben wir weiter auf der linken Straßenseite der Mürwiker Straße. An einer Abzweigung nach rechts zum Stadion gehen wir geradeaus weiter und verlassen so den Ostseeküstenradwanderweg.

Wir überqueren die Straße und kommen an der ehemaligen **Flensburger Universität** vorbei. Endlich an einer Fußgängerampel geht es rechts ab zum **Wasserturm**. Die Straße heißt am Volkspark. Den Turm kann man jetzt nicht mehr verfehlen. Er ist 26 Meter hoch und fasst 1,5 Millionen Liter Trinkwasser. Er dient über eine Treppe oder Fahrstuhl als Aussichtsturm. Von einer Plattform rings um den Turm genießt man einen herrlichen Rundumblick. Unten im Turm gibt es eine Information über das wirklich gute, weiche Flensburger Trinkwasser.
Vor dem Turm gehen wir nach links und gleich wieder den ersten Weg nach rechts. Hier kommen wir an einen Ententeich. Nach dem Teich gehen wir den breiten Weg nach rechts durch die Schrebergärten bis wir zu einem Spielplatz kommen. Vor dem Spielplatz gehen wir nach links und kommen zu einer Wiese mit einer Bank. Von hier hat man ein **einzigartiges Panorama** über Flensburg und seinen Hafen. Links neben der Bank führt eine steile Treppe über einen Hundetummelplatz hinab ins Lautrupstal. Die Straße gehen wir nach rechts vor bis zur Hauptstraße. Diese wird überquert und nach links kommen wir vorbei am **Fischmarkt**, **Fischereihafen und Gastseglerhafen**.
Wir umrunden die Hafenspitze und fahren von der Schiffsbrücke über **Kollund** mit dem Schiff zurück nach Glücksburg. Schneller geht es zurück mit dem Bus ab ZOB.

Steilküste Forst Wille

5

Durch den Staatsforst zum Roikier-See

Herrliche Wald und Strandwanderung, besonders, wenn die glühende Sonne am Abend in der Förde versinkt.

Aufwand: ca. 10 km / 3 Stunden	**Karte:** Kompass Nr. 707 Flensburg-Kappeln
Einkehr: Restaurant Quellental Vital-Hotel „Alter Meierhof"	**Info:** Touristinformation Glücksburg Tel. 04631-6007-10

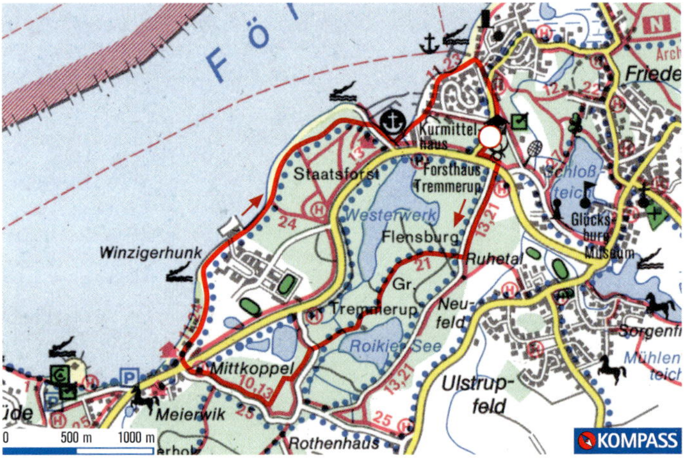

Anfahrt/Ausgangspunkt sind die Parkplätze im Kurzentrum von Glücksburg, zu erreichen über die B199 Richtung Glücksburg.

Vom Parkplatz aus nach links vorbei am Kurmittelhaus bis zur Hauptstraße. Diese geradeaus überqueren und vom dortigen Parkplatz aus den Weg nach rechts in den Hundewald. Gleich am Anfang steht links ein **Gedenkstein** an das Dritte Reich!
RAD bedeutet Reichsarbeitsdienst, welcher die Wege angelegt hat. Hier im Staatsforst Groß-Tremmerup gibt es ca. 20 km Reit- und Wanderwege und Höhenzüge bis zu 25 m. Im Mischwald gibt es noch Eichen- und Buchenbestände die fast 200 Jahre alt sind, ebenfalls erwarten uns Pflanzenarten der roten Liste, viele Wasservogelarten, Reh- und Damwild. An der ersten großen Wegkreuzung gehen wir nach rechts und kommen nach ca. ½ Std. an den **Roikier See**. Der nur noch 4 ha große See wurde 1883 vom ersten Strandhotel in Glücksburg zur Karpfenzucht genutzt.

Nach dem See gehen wir den Wanderweg geradeaus weiter, und folgen der Beschilderung Flensburg/Solitüde/Mittkoppel. Ein breiter Weg führt uns immer rechts haltend an die Fördestraße bei Meierwik. Diese wird überquert, und vor dem Vital-Hotel gehen wir dem Weg Nr. 7 folgend hinab an die Förde. Unterhalb vom Flottenkommando wandern wir nun entlang dem Wasser. Dort, wo der Weg steil zum Forst Wille hinauf führt, können wir auch, wenn es der Wasserstand zulässt, am Strand weiter gehen. Wir sollten auf jeden Fall zu dem Parkplatz des **Restaurants Quellental** kommen.
Die ersten Ausflugsfahrten der Dampfschiffe aus Flensburg führten 1830 nach Quellental. 1839 wurden hier die ersten Badekarren aufgestellt und König Friedrich der Siebte baute hier das erste Badehaus für seine Gemahlin Gräfin Danner. Der Neubau der Gaststätte mit seiner **Adelheidquelle** stammt von 1909. Nach dem Parkplatz gehen wir links über die weiße Brücke. Hier ist der Abfluss vom Westerwerk. Dies ist ein ca. 1 km weit ins Land reichendes Noor der Flensburger Förde, inzwischen vom Ostseewasser getrennt, aber auf gleichem Niveau. Jetzt gehen wir die Strandpromenade bis zum Hotel Intermar.
Vor dem Kiosk steigen wir die Stufen hinauf und gehen am Kurpark vorbei in Richtung Kurmittelhaus zum Parkplatz zurück.

Restaurant Quellental

Die Highlights von Glücksburg

Schattige Wald- und Küstenwanderung, nicht nur für „Blaublütige"

Aufwand: ca. 6 km / 2 Stunden	**Karte:** Kompass Nr. 707 Flensburg-Kappeln
Einkehr: Schwennau/Kurzentrum	**Info:** Touristinformation Glücksburg Tel. 04631-6007-10 **http://www.gluecksburg-ostsee.de/tourist/index.html**

Anfahrt/Ausgangspunkt ist der Parkplatz im Kurzentrum, zu erreichen über die B199 in Richtung Glücksburg.

Vom Parkplatz aus führt links neben dem Wellenbad ein asphaltierter Weg in Richtung Schloss. Nach der Försterei biegen wir auf der Straße

nach links ab und gelangen so zum Schlossteich. Hier wählen wir den rechten Uferweg unterhalb der Straße. Von hier hat man einen herrlichen Blick auf das **Glücksburger Schloss**.
Wir kommen an einem **Denkmal** vorbei. Erinnert wird hier an den Herzog Karl von Schleswig-Holstein, Sonderborg, Glücksburg und an die Herzogin Wilhelmine-Marie die eine Tochter König Friedrich des Sechsten war von 1897.
Bevor das Schloss erbaut wurde, befand sich an dessen Stelle ein Kloster, dessen Friedhof sich auf dem Grund des Schlossteiches befindet. Der Teich wurde künstlich aufgestaut.
Wir gehen weiter bis zur Hauptstraße und biegen nach links in die Große Straße ein. Schräg über den kostenpflichtigen Schlossparkplatz gelangen wir wieder an den Schlossteich und an eine Brücke, über die man zum Schloss gelangt. Die Besichtigung wird empfohlen, da das Schloss die Wiege der Europäischen Königshäuser unter Anderem von Dänemark, Norwegen und Griechenland ist.
Vom Schloss kommend gehen wir nach der Brücke links weiter in den **Schlosspark**. Der mittleren Weg führt uns gerade auf die **Orangerie** zu. Rechts daneben gehen wir den Weg zum ehemaligen Central Café. Geht man die Straße nach rechts, gelangt man zum sehenswerten **Rosarium** oberhalb vom Schlosspark (Eintritt).
Unser Weg führt aber nach links die Collenburger Straße entlang in Richtung Wildgehege. Auf der linken Seite liegt die Seniorenresidenz mit einer großen Kurmittelabteilung, für alle Kassen zugelassen. Nach dem Jungfernstieg in der nächsten Linkskurve führt uns die Paulinenallee nach 50 m zu einem Parkplatz auf der rechten Seite. Vom Parkplatz aus gehen wir geradeaus bis zum **Wildgehege**. Vor diesem biegen wir in den Waldweg nach links ab. Am Wildschweingehege entlang führt dieser nun durch den Wald bis zu einer Gabelung. Der Wanderweg 3 führt uns bald auf eine schmale Straße, dem Schausender Weg. Diesem folgen wir nach rechts und gelangen nach etwa 10 Min. an eine Abzweigung nach links zum Strand (Schwennau 4).
Am Sandstrand der Förde besteht nun die Möglichkeit zum Baden. Unser Wanderweg führt am Wasser entlang der Förde nach links. Zurückblickend erkennt man das Kliff von Holnis und den Leuchtturm von Schausende. Das gegenüberliegende Ufer der Förde gehört zu Dänemark. Der Strandweg führt uns weiter zu einem Campingplatz. Hier in den Schwennaustuben kann man einkehren. Hinter der Gaststätte führt der Weg weiter nach rechts über die Schwennaubrücke und weiter am Wasser entlang zum Kurstrand und **Fähranleger**. Einkehren kann man in der Sprotte oder aber Erfrischungen am Kiosk erstehen. Unterhalb vom Intermar-Hotel führt die Strandpromenade weiter bis zu Yachthafen. Vor der Dänischen Küste kann man gut die

zwei **Ochseninseln** erkennen. Vor der Slipanlage des Yachtclubs gehen wir links die Fördestraße hinauf. Auf der linken Seite befindet sich das Glücksburger **Planetarium**. An der Yachtschule entlang folgen wir jetzt dem Philosophenweg.
Auf dem Fußweg gehen wir weiter und gelangen so wieder zu unserem Parkplatz im Kurzentrum.

Schloss Glücksburg

Rund um Holnis

Holnis-Strand, das St. Tropez von Glücksburg

Aufwand: ca. 10 km / 3 Stunden	**Karte:** Kompass Nr. 707 Flensburg-Kappeln
Einkehr: Schwennau/Kurzentrum	**Info:** Touristinformation Glücksburg Tel. 04631-6007-10

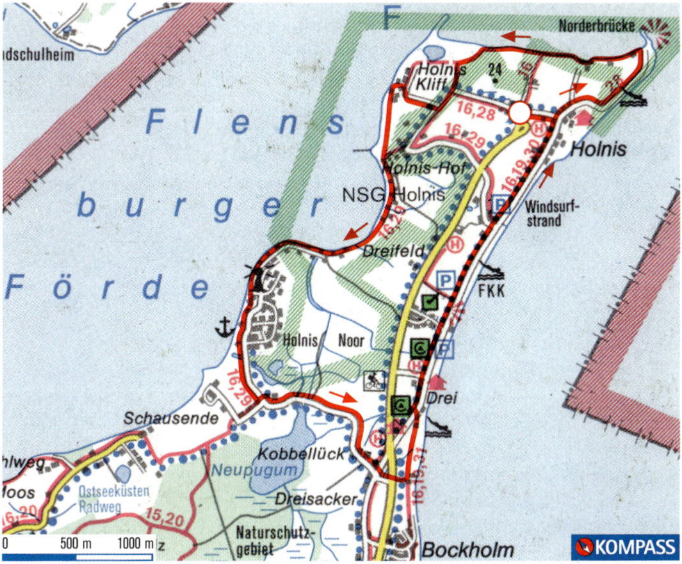

Anfahrt/Ausgangspunkt ist der Wanderparkplatz am Ende der Straße von Glücksburg nach Holnis. Probleme durch Hochwasser am Naturstrand bei starken Ostwind.

Die **Halbinsel Holnis** ist die nördlichste Spitze Angelns und nähert sich bis auf 1700 m der dänischen Halbinsel **Broagerland**. Dadurch trennt sie die Flensbuger Innen- von der Außenförde. Bis 1860 gab es hier eine Fährverbindung vom Fährhaus Holnis hinüber zum dänischen **Fährhaus Brunsnæs Kro**. Diese Fährverbindung soll für Fußgänger und Radfahrer wieder eingerichtet werden!!!
Etwa 300 Jahre ist es her, da war Holnis nur durch einen schmalen Sandstreifen mit dem Glücksburger Festland verbunden. Reste der

ehemaligen Wasserfläche findet man noch vor Schausende (Alt- und Neupugum). Das Holnis Noor wurde trocken gelegt und ein Schöpfwerk sorgt heute dafür, dass das Oberflächenwasser in die Flensburger Innenförde abgepumpt wird. Am Ende der Straße von Glücksburg nach Holnis führt ein beschilderter Weg vom Parkplatz an der Wendeschleife zum **Fährhaus Holnis** (Schöner Kaffeegarten mit Blick auf die Außenförde). Hinter dem Gasthaus nach rechts dem schmalen Weg folgend gelangt man nach ca. 15 Minuten an eine **Steilküste**. Achtung Absturzgefahr! Von hier herrlicher Blick nach Dänemark auf die Halbinsel Broager, den dortigen Fährkrug und die Kirche von Broager mit dem Doppelturm. Die deutsche Küste überblickt man von Langballig bis zur **Geltinger Bucht**. Der Weg führt nun steil nach unten an den Strand und weiter bis **Holnisspitze**. Ein Seezeichen steht auf einem **Strandhaken**, dieser wird vom Wasser durch den Sand aufgebaut, der von Holnis Kliff fortgeschwemmt wurde.
Ab hier bis Schausende sollte man sich gut gegen die Ost- und Westwinde schützen. Bei starkem Ostwind kann so viel Wasser in die Innenförde gedrückt werden, dass der Wasserspiegel so hoch ansteigt, und die Flut bis an den Fuß der Steilküste reicht. Das Meer nagt diese von unten her an, Bäume stürzen herab, der Sand wird fortgespült, und nur die Steine (Findlinge) bleiben liegen. Es gehen im Jahr bis zu 30 cm Land verloren. Dieses nennt man auch ein **aktives Kliff**.
Gegenüber sieht man den **Egernsund**. Hier ist die Einfahrt der Schiffe nach Gråsten. Wir wandern nun die ganze Küste entlang bis Schausende. Zunächst kommen wir an einem **Seemannsgrab** vorbei. Ein Flensburger Steuermann, der aus Westindien zurück kam, war an der Cholera erkrankt. Er wurde von der Schiffsmannschaft hier beigesetzt. Bei Bedarf kann man hier an der Abzweigung zum Parkplatz abkürzen.
Unser Weg führt weiter am Wasser entlang, unterhalb einer Steilküste. Diese wurde vor Tausenden von Jahren von **Gletschern** gebildet, die gewaltige Erdmassen vor sich her schoben. Nach dem Abschmelzen lagerten sich Gesteinsschutt, Tone und Sande ab. Diese entstandenen Höhenzüge nennt man **Moränen**. Sie prägen das Landschaftsprofil der Ostseeküste Schleswig-Holsteins. Wir gelangen schließlich an einen Zaun der ein **Vogelreservat** schützt. Auch hier sieht man einen weit in die Förde aufgespülten **Nehrungshaken**, auf dem viele seltene Vögel verweilen. Inmitten der Salzwiesen liegt ein kleiner **Höftsee**, der langsam verlandet. Am Zaun führt links hinauf ein Weg zum Steilufer. Von hier hat man einen guten Blick auf das Naturschutzgebiet und die dort lebenden Vögel. An der folgenden Weggabelung gehen wir geradeaus weiter, und an der nächsten Abzweigung nach rechts in Richtung Holnis Kliff. Wir gehen den schmalen Wanderweg nach links bis auf die 20 m hohe Kuppe vom **Holnis Kliff**. Die Abbruchkante

darf nicht betreten werden. Hier in der Steilwand brüten in selbstgegrabenen Röhren Uferschwalben. Sie ist die einzige Kolonie an der Flensburger Förde. Vom Kliff blickt man über die Innenförde bis Flensburg. Im Vordergrund der Leuchtturm von Schausende. Auf der dänischen Seite erkennt man gut die weiße Kirche von **Rinkenæs**. Links sieht man auf die Außenförde bis Langballigau. Wieder unten am nächsten Wegkreuz gehen wir geradeaus weiter, am Wasser entlang in Richtung Schausende. Die Deich unter der folgenden Brücke wurde erst im September 2002 durchstochen, und dadurch das kleine Noor geflutet, um ein neues Salzwiesenbiotop zu schaffen. Man kann aber auch über Holnis Hof, linker Weg, zum Parkplatz abkürzen. Über einen Deich kommen wir nun an einem **Schöpfwerk** vorbei. Auf einem Sandhaken in der kleinen Bucht sind wieder Seevögel zu beobachten. Links sehen wir das ehemalige jetzt trocken gelegte **Holnis Noor**. Bei einer kleinen Siedlung verlassen wir die Deichkrone und gehen bei der folgenden Absperrung nach rechts bis zum **Leuchtturm**. Dieser wird von Kappeln aus gesteuert. Hinter diesem gehen wir nach rechts zum Strand. Wir folgen der Strandpromenade bis in den **Yachthafen** von Schausende. An den Schiffen vorbei gehen wir vor bis zur Straße. Dieser folgen wir nach rechts bis zur Hauptstraße Flensburg Holnis. Rechts der fast verlandete See **Neupugum** steht unter Naturschutz, und beherbergt die größte **Kormorankolonie**. Die Hauptstraße überqueren wir vorsichtig und folgen links dem Fußweg der uns an die Außenförde führt. Vorbei am Café „Drei“ folgen wir der neuen Strandpromenade bis zur Surfschule. Am jetzt wieder freien Strand vorbei gelangen wir an ein **Marinegrab**. Hier wurde der Quartiermeister eines dänischen Schiffes nach einer Seeschlacht beigesetzt.
Kurz vor dem Gasthof Fährhaus Holnis führt die Straße nach links zurück zum Parkplatz.

Strand Holnis

Durch das Langballiger Autal

Interessante Waldwanderung mit seltener Flora und Fauna

Aufwand: ca. 4 km / 2 Stunden	**Karte:** Kompass Nr. 707 Flensburg-Kappeln
Einkehr: Viele Möglichkeiten am Hafen von Langballigau	**Info:** TVV Amt Langballig Tel. 04636-8836

Anfahrt/Ausgangspunkt ist der Parkplatz am Hafen von Langballigau, zu erreichen über die B199/Abfahrt Langballig.

Langballigau ist ein sehr rühriger Seglerhafen. Er wurde 1925 angelegt und ist auf 66 km Länge der einzige **Fischereischutzhafen** zwischen Flensburg und **Maasholm**. Fährschiffe fuhren vor dem Wegfall von Duty-Free von hier aus nach Sonderborg und Apenrade (Dk). Im Sommer kann man hier Frischfisch vom Kutter kaufen. 2 große Campingplätze liegen direkt am Strand. Neben dem Parkplatz befindet sich ein **Baggersee**, er entstand 1940 bis 44 durch die Entnahme von Kies für die Luftschutzbauten in Kiel.

Vor dem Restaurant Fährhaus wandern wir nach rechts die Strandpromenade entlang bis wir vor den 2. Campingplatz kommen. Vor diesem biegen wir nach rechts den Weg ab. Auf den Salzwiesen vor dem Strandwall befindet sich eines der bedeutendsten **Gräberfelder** der **Wikingerzeit**. Etwa 60 Grabstellen konnten nachgewiesen werden. Wir überqueren die Straße Langballig/Westenholz, um dann dem Weg am Waldsaum nach rechts ins Autal zu folgen.

Das Langballiger Autal wurde 1990 unter Naturschutz gestellt und ist in seiner Größe, Vollständigkeit und Erhaltungszustand landesweit

einmalig. Wandermöglichkeiten gibt es bis nach **Unewatt** und in die **Terkelstofter Schweiz**. Das Autal verdankt seine Entstehung einem Seitenarm des Flensburger-Förde-Gletschers und dessen Schmelzwasser beim Abtauen des Gletschers. Seit dem stieg das Wasser des Meeresspiegels um ca. 20 m an. Die ursprünglichen Bachmündungen wurden überspült, der Grundwasserspiegel stieg an und der Talboden vermoorte. Die Fördenküste entwickelte sich zum Kliff und unterliegt noch heute einem Landverlust bis zu 30 cm im Jahr.
Wir folgen dem Weg ins Autal, zur rechten Seite das Sumpfgebiet, und links der Moränenrücken. Nach dem Wald an einer Viehweide vorbei gehen wir vor dem Schild „Naturschutzgebiet" den teils schwankenden, schmalen Weg nach rechts. Nachdem sich das Gelände öffnet zweigt scharf nach links ein Weg nach Unewatt/Knoes in den Wald ab (Wegweiser beachten). Zur linken liegt unten das **Autal der Schiebeck** und zur rechten Seite der **Moränenrücken Knoes**. Die bis zu 15 m hohen Hänge sind bewaldet. Aus dem Boden treten mehrere Quellen hervor. Nach dem Wald gelangen wir an eine Wegegabelung. Wir gehen nach rechts und überqueren dabei eine Wiese. Vor der **Knoes Kate** (Reetdachhaus) führt ein steiler Treppenweg den Berghang hinunter in das Autal der **Langballig**. Diese ist etwa 13 km lang und entspringt auf einer Höhe von 50 m bei Petersburg nahe der Wasserscheide zur Nordsee. Unten folgen wir dem Wegweiser nach recht in Richtung Langballigau. Am Waldsaum des Knoes gelangen wir wieder auf die Auwiese, von der wir nach Knoes gestartet sind.
Hier geht es jetzt nach links weiter über die Brücke der Langballig, und vor einer Treppe nach rechts weiter am Waldsaum entlang der anderen Talseite zurück zu unserem Parkplatz am Hafen von Langballigau.

Im Autal

Seeklüft

Etwas für Strandnixen und Strandläufer..
Nicht bei starkem Ostwind, da der Strand bei Hochwasser nicht passierbar ist.
Festes Schuhwerk erforderlich.

Aufwand: ca. 12 km / 4 Stunden	**Karte:** Kompass Nr. 707 Flensburg-Kappeln
Einkehr: In Habernis	**Info:** Touristikverein Amt Steinbergkirche/Ostsee Tel. 04632/7414

Anfahrt/Ausgangspunkt über die B199 in Richtung Gintoft nach Norgaard oder Norgaardholz, weiter bis Habernis Schleuse, oder die Fördestraße über Neukirchen-Habernis-Schleuse zum dortigen Parkplatz.

Vom Parkplatz aus vor der Mündung der **„Habernisser Au"** die Straße überqueren und dem Wanderweg zur **Quelle** folgen. Nach einem Unterstand zweigt nach rechts ein Holzbohlenweg zum **Gut Philippsthal** ab. Diesem folgen wir immer geradeaus, vorbei am Gut, bis der Fahrweg an der Hauptstraße endet. Hier nach rechts, und an der Bushaltestelle nach links der blauen Markierung 9 bis zur Hauptstraße in der

Ortschaft **Kalleby** folgen. Auch hier nach links wieder bis zu einer Bushaltestelle, dort zunächst die Fahrstraße nach rechts, dann weiter dem Feldweg folgen, bis uns eine blaue Markierung nach links schicken will. Wir gehen aber an einem Wasserloch vorbei nach rechts, und den Weg hinab zu den Häusern **„Im Fuchsgraben"**. Der hier beginnenden Fahrspur folgen wir über eine Brücke bis zur Fahrstraße, und diese nach rechts bis vor zur Landstraße. Diese wird überquert, und dann folgen wir dem Fußweg nach rechts hinab zur Abzweigung **Weigab/Seeklüft**. Auf dieser schmalen Straße weiter bis sie im Wald auf den „Seeklüfter Weg" trifft. Diesem folgen wir nach rechts durch den Wald bis zur Fördestraße. Diese überqueren, den Fußweg nach rechts, und nach dem nächste Hof und dem Ortsschild von **Dollerupholz** den Feldweg durch die Wiesen hinab zum Naturstrand der Förde. Entlang diesem nun nun immer nach rechts bis zu unserem Parkplatz in Habernis. Nach dem halbverfallenen Schiffsanleger in **Neukirchen** wird die Strandpassage für ein kurzes Stück etwas beschwerlich, aber hinter der nächsten Biegung ist schon Habernis mit der Schleuse und dem Strand in Sicht.

Kate bei Seeklüft

Zur Habernisser Quelle

Ein Naturdenkmal mit Hindernissen, lange Hose wegen den Brennesseln, und an einen Mückenschutz denken.

Aufwand: ca. 4 km / 2 Stunden	**Karte:** Kompass Nr. 707 Flensburg-Kappeln
Einkehr: In Habernis	**Info:** Touristikverein Amt Steinbergkirche/Ostsee Tel. 04632/7414

Anfahrt/Ausgangspunkt ist der Parkplatz an der **Habernisser Schleuse**. Anfahrt von der B199 über Nübelfeld/Kalleby/Neukirchen weiter bis vor Habernis.

Am Parkplatz ein sehr guter Badeplatz besonders für Kinder, da die See hier sehr flach ist. Von hier aus kann man die dänische Küste von **Sønderborg** (Alsen) bis zum **Leuchtturm Kegnæs** überblicken.
Die **Habernisser Au**, die hier in die See mündet entwässert das Feuchtgebiet, welches wir jetzt erwandern. Teilweise liegt das Gebiet tiefer als der Meeresspiegel. Wir überqueren die Straße nach Habernis und folgen dem Schild rechts der Au zur **Habernisser Quelle**. An mehreren Bachläufen entlang führt der Weg durch Moorwiesen bis zu einem Wegweiser nach Philipsthal. Weiter geradeaus jetzt über Bohlenwege geht es durch Moor und Schilf. Der Rundweg wurde erst kürzlich durch die Gemeinde neu und ausreichend mit **blauen Markierungen gekennzeichnet**. Den ersten breiten Weg nach links, und an einem

Leitungsmast nach rechts. Wir umrunden ein Gehöft (Predigtstuhl), und nach einem Tümpel den Bohlenweg zur Quelle nach rechts nicht verpassen. Sie ist die ergiebigste **artesische Quelle** von Angeln und fördert ca. **600 Liter in der Minute**. Nach dem Besuch der Quelle folgt man dem Bohlenweg bis zu einer Brücke. Anschließend steigt der Weg an und führt in den Wald.
Achtung, hier verlassen wir den blau markierten Weg. Dieser würde zur Straße führen, und entlang dieser zurück zum Parkplatz. Beim betreten des Waldes überqueren wir den breiten Weg und gehen ohne Beschilderung geradeaus den schmalen Weg in den Wald. Entlang dem lichten Waldrand und einer Viehweide auf der linken Seite endet der Weg auf einer Wiese. Fahrspuren folgen wir nach links und gleich nach wenigen Metern beginnt nach rechts neben einem Graben wieder ein Bohlenweg. Dieser führt durch lichte Auwälder, vorbei an Knicks und Viehweiden bis zu einer Weggabelung. Hier folgen wir dem linken Wanderweg.
Links haltend überqueren wir eine Brücke und gelangen anschließend auf unseren Hinweg zur Quelle. Diesem folgen wir, nun wieder blau markiert, zurück zum Parkplatz.

Bohlenweg an der Habernisser Quelle

11

Rund um Habernis

Herrliche Strand und Waldwanderung an der Außenförde

Aufwand: ca. 5 km / 2 Stunden	**Karte:** Kompass Nr. 707 Flensburg-Kappeln
Einkehr: Restaurant „Zum schwarzen Raben“	**Info:** Touristikverein Amt Steinbergkirche/ Ostsee Tel. 04632/7414 **http://www.flensburger-foerdeland.de/homepage/index.htm**

Anfahrt/Ausgangspunkt ist der Strandparkplatz **Na de Huk**, zu erreichen über die B199 nach **Norgaardholz** oder Neukirchen weiter bis Habernis. Kurz vor, bzw. nach dem Reiterhof Lindenhof, in der Kurve Abzweigung einer Sackgasse in die Richtung **Na de Huk**. Am Ende der asphaltierten Straße den Feldweg nach rechts bis zum Parkplatz (Strand) fahren.

Habernis gehört seit 1970 zu Steinberg und ist eine Landinsel, die nach Norden von der Flensburger Außenförde und nach Osten vom Wasser der Geltinger Bucht umspült wird. Ein Eckpfeiler bildet die „Huk“, eine ca. 14 m hohe Landspitze mit aktiver Steilküste Vom Parkplatz der roten Markierung folgend die Straße zurück, vorbei an stattlichen Höfen und schönen Reetdachhäusern. Nach rechts schöner Blick über die **Außenförde** nach Dänemark und auf die Steilküste von Neukirchen. An der Straßenkreuzung (Bushaltestelle) nach links der roten Markierung folgend bis zum Wald.
An der Abzweigung Nordstern! führt der Weg entlang dem Wald und

Feld bis zu einem Hochspannungsmast. Vor diesem nach rechts durch den Wald, an einem Hof wieder nach rechts, und dann ACHTUNG, die Abzweigung zur Küste nach links nicht verpassen. Im Restaurant **„Zum Schwarzen Raben“** kann man einkehren.
Vor dem Spielplatz, an einem Baum führt der Weg nach links zum Strand. An diesem entlang nach links, bis zu unserem Parkplatz.

Speisen wie „Gott“ in Angeln

Es gibt viele Spezialitäten, die man allgemein zur deftigen Küche rechnen kann. Besonders in der kalten Jahreszeit das Rübenmus mit Schweinebacke und Mettwurst, gefolgt nach dem ersten Frost vom Grünkohl mit den gleichen, kalorischen Einlagen.
Ein Begriff ist die Markeruper Ente, und für den kleinen Hunger das Sauerfleisch. Als Beilage werden meist Bratkartoffeln gereicht. Natürlich dürfen die Fischgerichte, wie im Mai die Maischollen satt, gebratene Heringe und Matjes nicht fehlen.
Ab Herbst gibt es dann die berühmten Föhrer Muscheln. Räucherfisch, wie Heilbutt und Aal gibt es auf dem Lande in zahlreichen Räuchereien frisch zu kaufen. Labskaus. „Birnen/Bohnen und Speck“, und Bratenstücke vom Salzwiesen-Lamm runden das Angebot ab.

Steilküste Na de Huk

Um das Steinberghaff und Lipping-Au

Strand und Auen-Wanderung mit Ausblick auf die Geltinger Bucht

Aufwand: ca. 6 km / 2 Stunden	**Karte:** Kompass Nr. 707 Flensburg-Kappeln
Einkehr: Strandhotel Steinberghaff, Cafe Oestergaard	**Info:** Touristikverein Amt Steinbergkirche/Ostsee Tel. 04632/7414

Anfahrt/Ausgangspunkt ist der Parkplatz vor dem Strandhotel Steinberghaff. Anfahrt von der B199 nach Norgaardholz, Abzweigung nach Steinberghaff bis zum Strandhotel.

Sehr schöner Biergarten direkt am Strand mit einem tollen Panorama über die **Geltinger Bucht**, **Birk**, **Leuchtturm Kalkgrund** und Dänemark. Der Weg führt nach rechts zum Strand bei Ostsee km 48 Wir bleiben auf dem Wanderweg, vorbei am Yachtclub Steinberghaff bis zu einem Wald, dem **Fischerholz**. Davor den Weg nach rechts bis zu einer Weggabelung im Wald. Rechts befindet sich das **Forsthaus Waldlust**. Früher war dies ein preußisches Zollhaus, denn noch 1892 gab es am Strand eine Landungsbrücke mit 2 Zollbooten. Der Strand war eine beliebte Landungsstelle für die Besucher von **Alsen** und sogar von **Aerö**. Nach dem Gut lautete auch die alte Ortsbezeichnung Oestergaardholz bis 1910. Wir gehen den linken Weg in den Wald und bleiben auf dem breiten Weg, bis wir an eine Wiese gelangen. Nach dieser gelangen wir an einen **Waldlehrpfad** und gehen nach links wieder an den Strand, und genießen den prachtvollen Rundblick. Weiter nach rechts am Strand

entlang bis zu einer alten Eiche. Der Waldlehrpfad führt hier in den Wald, aber wir gehen am Strand weiter und folgen den grünen Punkten bis zu einer Brücke. Hier inzwischen am **Ohrfeldhaff** mündet die Lipping Au in die Ostsee. Der Bach ist etwa 13 km lang und kommt aus dem Sörupholz. Nach ca 3 km weiter über die Brücke würden wir nach Gelting Mole kommen. Von dort fuhr früher die **Gelting-Fähre** zur Insel Fünen (Faaborg).
Wir gehen aber vor der Brücke nach rechts entlang der Lipping Au, vorbei an einem Schöpfwerk den jetzt etwa 1,8 km Wiesenweg auf der rechten Bachseite bis zur letzten Brücke vor der B199. Hier gehen wir nach rechts durch eine Pappelallee bis zum **Gut Oestergaard**. Das Herrenhaus wurde 1856 gebaut. Der Hof Steinberggaard wurde 1564 nach hier ausgesiedelt, und wurde dadurch der östlichste Hof von **Steinberggaard**. Daraus wurde schließlich Oestergaard. Der Gutsbezirk wurde 1928 in die Gemeinde Steinberghaff eingegliedert genauso das Fischerholz. Wir umrunden das Gut (Erfrischungen) und kommen auf eine schmale Straße in Richtung **Töpferei**. Nach dieser, beim Mast Nr. 4 verlassen wir die Straße und folgen nach links dem schmalen Weg entlang dem Waldsaum, und treffen wieder auf den Waldlehrpfad. An der nächsten Wegkreuzung scharf nach links der gelben Markierung folgend am Wiesensaum entlang bis zu einem Knick. Hinter diesem nach rechts bis zu einem Reetdachhaus „(Schäferhaus)“ Am Haus vorbei gehen wir die Straße links bis zur Vorfahrtsstraße. Nach rechts, und die erste Straße wieder nach links, vorbei an einer Schranke und dem **Hof Norderlück**. Dies ist ein Ökologisches Bildungszentrum für Kinder und Jugendliche.
An der nächsten Querstraße nach rechts bis zu unserem Parkplatz am Strandhotel.

Gewitter am Ohrfeldhaff

Halbinsel Quisnis

Deich- und Waldwanderung zwischen Geltinger Bucht und Noor

Aufwand: ca. 6 km / 2 Stunden	**Karte:** Kompass Nr. 707 Flensburg-Kappeln
Einkehr: In Gelting und Wackerballig	**Info:** Ferienland Ostsee Tel. 04643-777

Anfahrt/Ausgangspunkt ist der Parkplatz rechts vor dem Restaurant „Dat Strandhuus" in Wackerballig. Zu erreichen über die B199, an der Ampel in Gelting erst in Richtung Nieby, dann nach Wackerballig nach links abbiegen.

Vom Strandhotel wandern wir auf dem Deichweg rechts entlang der Geltinger Bucht bis zum Beginn des Naturschutzgebietes. Die Wanderung ist mit einem „Schwan" gekennzeichnet. Vom Deich steigen wir die Stufen hinab, und kommen an einer Pumpstation in den Wald „Nordschau". Vorher genießen wir den Blick auf die Geltinger Birk (nächste Wanderung) mit der Windmühle Charlotte. Im Wald folgen wir dem „Nordschauweg" bis zum Noor, wo nach links ein kurzer, schmaler Pfad zu einer Bank mit Blick auf die Birk, Mühle und dem **Wald Beveroe** abzweigt. Zurück am Wegekreuz folgen wir weiter dem Nordschauweg in Richtung Düstnishy. Am südlichen Waldsaum von Nordschau beginnt rückwertig vom Herrenhaus Grahlenstein der Waldlehrpfad. Weiter nach einigen Reetdachhäusern gelangen wir links auf einen befestigten Weg, der zwischen Feldern und Wiesen zu einer Wegegabelung führt.

Hier halten wir uns rechts, und gleich nach einem Parkplatz folgen wir der Straße „Waldweg“ in Richtung Düstnishy (angeldänischen und heißt: Grabhügel auf einer staubigen Landnase) nach rechts, und an der nächsten Gabelung die Straße nach links. In der nächsten Rechtskurve verlassen wir diese (Blick auf die Geltinger Bucht) und gehen scharf links hinter einem hier beginnenden Knick den Pfad in Richtung Strand.
Auf halber Strecke gehen wir nach links auf ein Haus zu, gehen über den Hof nach rechts den asphaltierten Weg bis zu unserm Ausgangspunkt zurück. Hier in der Geltinger Bucht haben sich am Ende des 2. Weltkrieges ca. 50 Kriegsschiffe selbstversenkt, die aber alle inzwischen wieder gehoben wurden.

Windmühle Charlotte auf der Birk

Um die Geltinger Birk

Beeindruckende Rundwanderung durch den Lebensraum einer besonders zahl- und artenreichen Pflanzen- und Tierwelt.

Aufwand: ca. 13 km / 5 Stunden	**Karte:** Kompass Nr. 707 Flensburg-Kappeln
Einkehr: Cafe in Falshöft	**Info:** Ferienland Ostsee, Tel. 04643-777 **Führungen:** Tel. 04631-62112 **Naturschutzhütte:** Tel. 04643-189474 http://www.nabu-sh.de/nsg/nsggeltbirk.htm

Anfahrt/Ausgangspunkt ist der kostenlose Parkplatz vor der Windmühle auf der rechten Seite vom Geltinger-Noor. Abfahrt von der B199 bei Gelting an der Ampel in Richtung Nieby fahren. Vor Goldhöft zweigt nach links eine schmale Straße mit der Beschilderung zur Birk ab. Die

Tour früh am Morgen beginnen, der Parkplatz ist dann noch aufnahmefähig und man kommt nicht in die Mittagshitze auf dem Ostseedeich. **Tipp:** Die Tour mit 2 Autos planen, eines in **Falshöft** abstellen, an Wetterschutz denken.

Die Halbinsel trennt an der Spitze (Birk-Nack) die Flensburger Außenförde von der offenen Ostsee. Im Naturschutzgebiet sollte man den Tieren und Pflanzen zu liebe nur auf dem Rundweg bleiben. Ab der Schutzhütte werden Führungen angeboten.
Die Wanderung führt über den Deich zunächst zur **Mühle Charlotte**. Auf der linken Seite befindet sich das Geltinger Noor, welches um 1800 noch bis in die jetzige rechte Niederung reichte. Diese Niederung wurde durch den Deich, über den wir gehen, von der See abgegrenzt und die Windmühle diente der Entwässerung. Heute erledigt diese Arbeit ein Schöpfwerk. Nach links blickt man auf Gelting Mole, von wo aus früher die Fähre nach Faaborg (DK) verkehrte. Im Geltinger Noor kann man auf den Steinwällen und Haken seltene Vogelarten beobachten. Am Abend bei Sonnenuntergang bieten die verkrüppelten Büsche und Bäume auf der linken Seite ein tolles Motiv gegen das Abendrot. Nach einer Salzwiese, (im Sommer viele Graugänse) erreicht der Weg die Küste. Hier stehen vom Wind zerzauste Eichen. Man nennt sie **Windflüchter** oder **Windschnurbäume**. Mehr davon findet man im „Gespensterwald", Küstenwald „Großes Gehege" von Beveroe (Biberinsel). Wir verlassen bei einer Abzweigung den breiten Weg. Ein schmaler Pfad führt uns zur Schutzhütte des NABU-Naturschutzwartes. Auf der rechten Seite entdeckt man viele seltene Vögel und Pflanzen.
Ein relativ junges Projekt ist die Ansiedlung von Wildpferden und Highland-Rindern auf der **Geltinger Birk**. Es handelt sich dabei um Konic-Pferde, verwilderte polnische Hauspferde, die von den Tarpanen abstammen - einer alten, inzwischen ausgestorbenen Pferderasse deren Lebensraum die nord- und osteuropäischen Wälder waren. Die im April 2002 ausgesetzten **Konik-Pferde** stammen aus Holland.
An der Spitze genießen sie den Blick über die Ostsee bis nach Dänemark, die Insel Alsen und die Flensburger-Außenförde. Der Weg führt weiter über den Ostseedeich, vorbei an Seezeichen für die Schifffahrt. Den Strand kann man nicht betreten, er ist auf einige Kilometer durch einen Drahtzaun aus Gründen des Landschafts- und Naturschutzes abgesperrt. Nach dem Mischwald auf der rechten Seite taucht ein Sendemast auf. Dieser befindet sich in Nieby, und muss noch umrundet werden. Nach dem Ostseekilometer 64 taucht vor uns der Leuchtturm von Falshöft auf. Wir wandern inzwischen durch einen verkrüppelten Eichenwald, **Kratt** genannt. Hier gibt es endlich Schatten. Nach diesem Wald genießen wir den Blick auf die freie See und den Leuchtturm. In Höhe eines

verschilften **Höftsees** verlassen wir den Außendeich und gehen bis zu einem Parkplatz. Hier besteht die Möglichkeit zum Baden. Vor dem WC biegen wir rechts in die Falshöfter Dorfstraße, und erreichen die frühere Lotsenstation, das heutige Informations-Zentrum „integrierte Station Geltinger Birk". Vorbei an hübschen Häusern und dem Dorf-Cafe „Lichthof" führt die Straße weiter bis **Nieby**. Zum Leuchtturm kommen Sie, wenn Sie die Straße unterhalb vom Deich weiter gehen. Bei dem schon erwähnten Sendemast auf der Anhöhe von Nieby erreichen Sie die dortige Dorfstraße.
Wir bleiben auf der Straße bis Goldhöft, und vor einem malerischen Bauernhaus zweigt nach rechts die Straße, die wir schon gefahren sind, zum Parkplatz an der Mühle ab.

Leuchtturm Falshöft

Durch den Fehrenholzer Wald

Verdauungsspaziergang am Strand nach einem guten Essen im „Gasthuus Spieskamer"

Aufwand: ca. 5 km / 3 Stunden	**Karte:** Kompass Nr. 707 Flensburg-Kappeln
Einkehr: Spieskammer und am Ostsee Strand	**Info:** Ferienland Ostsee Tel. 04643-777 http://www.ferienlandostsee.de/

Anfahrt/Ausgangspunkt ist der Parkplatz vor dem Gasthuus Spieskamer in Hasselberg, Anfahrt von der B199 in Richtung Hasselberg/ Maasholm bei einer Aalräucherei (markanter Schornstein) abzweigen, und nach Hasselberg „Gasthuus Spieskamer" fahren. Im Gasthof gibt es am Mittag ein bis zwei Gerichte als Menü zu einem vernünftigen Preis und am Abend isst man nach der Karte.

Wir folgen vom Parkplatz aus dem Wanderweg 5 nach rechts bis zur Straßeninsel und von dort der Straße nach links in Richtung **Drecht** (Landschaftsschutzgebiet). Die Senke, durch die wir gehen nennt sich der **Hasselberger Graben**. Dies war bis in das 15. Jahrhundert der nördlichste der 3 ehemaligen Schleimündungsarme in Verbindung mit dem Wormshöfter Noor. Sandabtragungen vom Steilufer Schönhagen wurden und werden noch vor der Küste von Oehe-Schleimünde angespült. Bis zum 14. Jahrhundert war das Gut Oehe noch eine Insel in Mitten

der Schleimündung. Die aufgespülte Nehrung ließ die Mündung versanden. Es bildete sich ein Sandwall, ein natürlicher Deich, und verband Gut Oehe mit dem Festland. Das **Oeher Noor** wurde trocken gelegt. Die Straße, auf der wir wandern liegt bis zu einem Meter unter dem Meeresspiegel, der Campingplatz Drecht, über den wir zum Strand gehen ca. 1,8 m über NN. Auf dem Deich nach rechts wandern wir zum **Gut Oehe** ca. 1 km. Etwa 300 m vor dem Gut mündete früher die Schlei in die Ostsee. Das Herrenhaus vom Gut wurde im 18. Jahrhundert gebaut. 1230 war die Insel königliches Jagdrevier. Heute wird in Ferienwohnungen investiert. Wir gehen auf dem Deich oder am Strand zurück bis zum Strandrestaurant **„Gute Stube“** Hier gibt es den „Hasselberger Sturmsack“, Windbeutel gefüllt mit roter Grütze.
Hinter dem Gasthof zweigt der Weg 5 nach **Schellrott** links ab. Diese Häusergruppe ist nur über den Deich zu erreichen. Bei der schweren **Sturmflut 1872** wurden einige Häuser zerstört. An zwei Höfen vorbei gelangen wir über einen Wiesenweg in den **Fehrenholzer Wald**. Ein Mischwald ca. 19 ha groß, Bäume teilweise von gespensterhaftem Wuchs. Im Hochwald vor einer Bank wählen wir den Weg nach rechts, und den nächsten Weg nach links (Pugholz).
Bei einem Reetdachhaus die Fahrstraße (K 111) nach links zum Ausgangspunkt zurück.

Gut Oehe

Von Maasholm zum Vogelschutzgebiet Oehe/Schleimünde

Deichwanderung entlang der Schleimündung und der Ostsee

Aufwand: ca. 7 km / 3 Stunden	**Karte:** Kompass Nr. 707 Flensburg-Kappeln
Einkehr: In Maasholm und Hasselberg	**Info:** Ferienland Ostsee, Tel. 04643-777 **Vogelwärterhütte:** Tel. 04642-6117 http://www.jordsand.de/oehe/

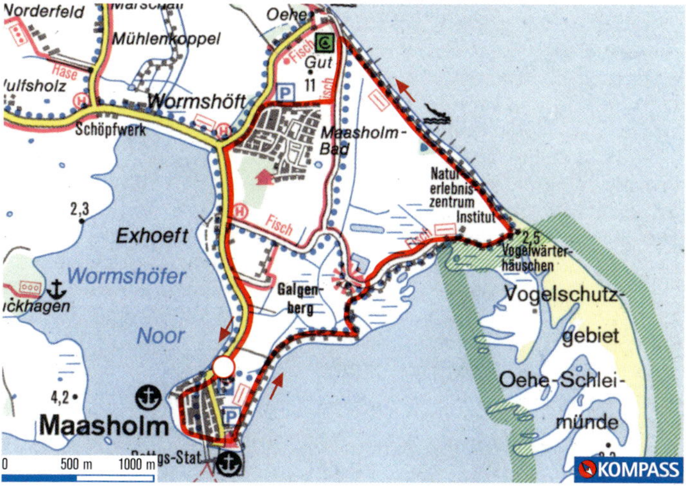

Anfahrt/Ausgangspunkt ist der kostenlose Parkplatz vor Maasholm auf der linken Straßenseite. Anfahrt über die B199, Abzweigung an der Fischräucherei Kieholm nach Maasholm.

Vom Parkplatz aus gegenüber am Wasser gehen wir den Weg „Maasholm Rundum" vorbei an Fischerkähnen, der Kirche bis zum Hafen. Von hier Schiffsausflüge auf die Schlei. Mit etwas Glück kann man auch Frischfisch vom Kutter kaufen. Vom Hafen gehen wir am Hafengrill und am Campingplatz entlang der Schlei. Eine Abzweigung nach links würde wieder zum Parkplatz führen. Wir aber genießen das **Panorama** auf die Schleimündung mit Leuchtturm, **Marinehafen Olpenitz** und dem Vogelschutzgebiet. Am **Schöpfwerk** Oehe-Maasholm beginnt rechts im Schilf das Naturschutzgebiet. Auf einer Anhöhe (Hegeberg) befindet sich eine Steinsäule. Auf Ihr ist der **10. Meridian** Nord-Süd Tunis/Hamburg/Maasholm eingeritzt. An dieser Stelle befand sich auch der Vorgänger von Maasholm, nämlich der Fischerort Maas. Dieser wurde immer wieder vom Wasser überflutet. Die Bewohner nahmen im 17. Jahrh. das Angebot des Gutes Oehe an, auf dessen sicheren Grund der heutigen Halbinsel sich neu anzusiedeln. Dadurch waren sie zwar sicher vor Hochwasser, aber Leibeigene des Gutes. Die aller erste Siedlung konnte weiter östlich unter Wasser nachgewiesen werden. Wir wandern weiter über den Deich, entlang dem Schutzgebiet und kommen an einer ehemaligen **Flugabwehrstellung der Nato** (links) vorbei. Ein Relikt des „Kalten-Krieges". Heute kann man hier ein **Naturerlebniszentrum** besuchen.

An der Küste treffen wir auf das **Vogelwärterhaus**. Von hier werden Führungen angeboten und eine kleine Ausstellung klärt auf über Flora und Fauna. In der Landschaft zwischen **Haff und Nehrung** existieren viele Pflanzen der Roten Liste und viele verschiedene Vogelarten nutzen das menschenfreie Gebiet zum Brüten und Rasten. Auf dem Küstendeich gehen wir nun entlang der Ostsee bis kurz vor das **Gut Oehe**. Hier am Strand kann man gut baden, es gibt auch einen Hundestrand. Vor den hohen Bäumen des Gutes verlassen wir den Deich und gehen die asphaltierte Straße entlang von Viehweiden bis zu den ersten Häusern von Bad Maasholm. Hier gehen wir nach rechts einen Weg, der in die Siedlung führt. Auf der Straße rechts bleibend folgen wir dem Oeher Ring. Nach einem kurzen Fußweg folgen wir wieder der Straße, bis nach rechts abermals ein Fußweg auf den Oeher Weg führt. Dieser Straße folgen wir nach links bis zur Landstraße Hasselberg/Maasholm.

Diese wird vorsichtig überquert und ein Fußweg führt nach links entlang dem **Wormshöfter Noor** zurück bis nach Maasholm.

Von Olpenitz zur Schleimündung

Eine etwas beschwerliche Wanderung, aber mit dem interessanten Ziel, an eine befestigte Aussichtsplattform direkt an der Schleimündung zu gelangen. Von hier kann man alle ein- und ausfahrenden Schiffe beobachten und befindet sich außerdem an einem herrlichen Badestrand. Kein Rundweg.

Aufwand: ca. 6 km / 2 Stunden	**Karte:** Kompass Nr. 707 Flensburg-Kappeln
Einkehr: In Olpenitz	**Info:** Touristikverein Kappeln Tel. 04642-4027

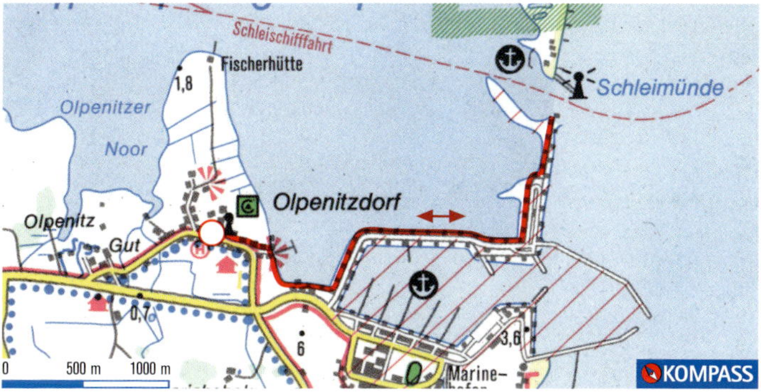

Anfahrt/Ausgangspunkt ist der Parkplatz im Dorf Olpenitz gegenüber der Gastwirtschaft Müller. Anfahrt über die B199 vor bzw. nach der Kappeler Schleibrücke, Abzweigung Olpenitz. Vor dem **Gut Olpenitz** links Richtung Dorf Olpenitz.

Vom Parkplatz aus gehen wir die Olpenitzer Dorfstraße nach links. An einer Gabelung weiter nach links bis zum Anleger. Links befindet sich ein Campingplatz. Wir gehen rechts vom Anleger, zuerst etwas feucht, dann direkt über den Strand auf die roten Wohnhäuser zu. Dort führt ein schmaler Pfad oben direkt vor dem Zaun des **Marinestützpunktes** entlang. Am Anfang steht ein Schild, ob und wie lange evtl. der Wanderweg aus militärischen Gründen gesperrt ist. Normaler Weise ist der Durchgang immer möglich. Ein kurzes Stück müssen wir über die befestigte, schräge Böschung gehen, dann über Wiesen und Naturstrand bis zum Zaunende. Über den Deich, vorbei am **Sandstrand** und dem 79. Ostsee-km seit Flensburg, gehen wir auf die **Mole** gegenüber vom **Leuchtturm** zu. Leider muss man den gleichen Weg zurück gehen.

18

Von Kappeln nach Arnis

Besuch in Deutschlands kleinster Stadt an der Schlei

Aufwand: ca. 12 km / 3 Stunden	**Karte:** Kompass Nr. 707 Flensburg-Kappeln
Einkehr: In Kappeln, Kopperby und in Arnis	**Info:** Touristikverein Kappeln Tel. 04642-4027 http://www.kappeln.de/

Anfahrt/Ausgangspunkt sind links die Parkplätze, bevor man an die Schlei in Kappeln von der B199 aus kommt.

Wir überqueren die neue Schleibrücke und achten dabei auf die **Heringszäune** links im Wasser. Sie sind ein Zeugnis dafür, wie in früheren Jahrhunderten der Fischfang auf der Schlei betrieben wurde. Nach der Schleibrücke folgen wir dem Fußweg der Eckernförder Strasse, vorbei am Mac Donald, und nach einem „Sternreichen Autohaus“ nach

rechts in die Lüttfelder Strasse. Dann nach rechts in die Espenisstraße. Dieser folgen wir bis an das Schleiufer. Hier nach links dem Pfad nach, bis zum Yachthafen von Lüttfeld. Wir folgen jetzt der Straße „Hinterm Deich“ durch die Siedlung und gelangen an einen Rad und Fußweg, der wieder an der Schlei entlang führt, bis wir in **Kopperby** bei einem Spielplatz wieder auf eine Straße kommen. Dieser folgen wir vorbei am Hotel Svenson und gelangen bei einer Bäckerei auf eine Hauptstraße, der wir nach rechts folgen. Nach dem Feuerwehrhaus auf der linken Seite in einer scharfen Linkskurve, zweigt nach rechts eine schmale Straße ab, der wir bis zur Kreisstraße K 77 folgen. Wir biegen bei Sundsacker rechts ab, bis wir bei einem Kinderheim auf die Straße zur **Autofähre** nach **Arnis** stoßen. Mit der Fähre lassen wir uns über die Schlei schippern und gelangen so nach Arnis.
1667 wurde die kleinste Stadt Deutschlands durch 60 Familien an dieser Stelle gegründet, um der Leibeigenschaft zu entfliehen. Sehenswert ist der malerische Ort zu jeder Zeit. Besichtigen sollte man die **Kirche** und ein Stück weiter an der Schlei gibt es eine **Badestelle**. Nach der Fähre gehen wir nach rechts oder links entlang der Schlei, und umrunden Arnis. Von der Hauptstraße aus folgen wir der Beschilderung nach **Kappeln**. Nach dem Seglerhafen beim Gasthaus Schleieck zweigt ein zunächst schmaler Weg nach rechts ab. Dieser umrundet einen Hof und endet auf einem asphaltierten Weg, der uns wieder nach Kappeln zurück führt. Am **Museumshafen** befindet sich der Startplatz der Angelner-Dampfeisenbahn. Diese verkehrt an bestimmten Tagen mit ihren historischen Waggons zwischen Kappeln und **Süderbrarup**. Informationen gibt es in der 30 m hohen Windmühle „Amanda“.

Heringszaun in Kappeln

Vor den Toren des Landarztes von Dekelsen

Ausgedehnte Wald- und Schleiuferwanderung

Aufwand: ca. 10 km / 3 Stunden	**Karte:** Kompass Nr. 714 Rendsburg-Eckernförde
Einkehr: Nur in Rieseby	**Info:** Gemeinde Rieseby Tel. 04355-427 **http://www.rieseby.de/**

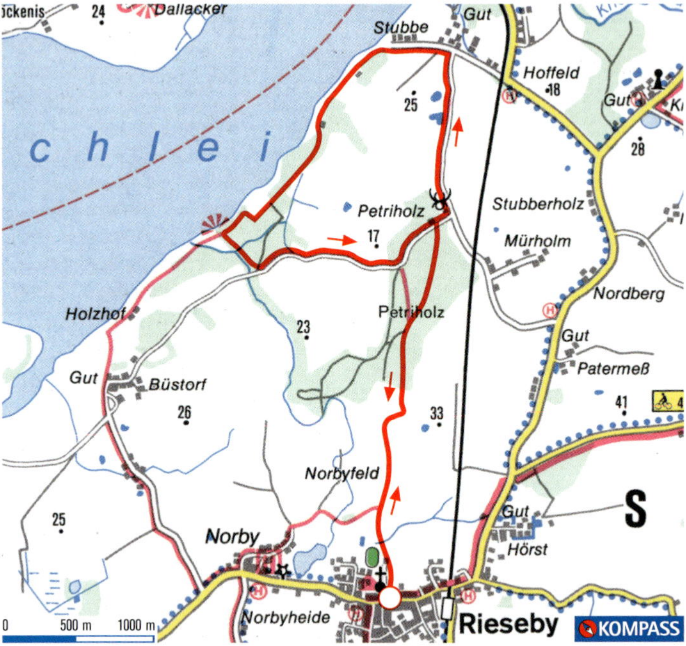

Anfahrt/Ausgangspunkt ist der Parkplatz vor der Kirche in **Rieseby** oder vor der Sporthalle, von der B201 Richtung Eckernförde über **Lindaunis**, oder B76 Abfahrt Richtung Kosel-Rieseby.

Wer von der B201 kommt findet vor der Schleibrücke nach rechts eine Abzweigung nach **Lindauhof**. Hier liegt das **Gut Lindau (Landarzt)**, das 1719 in den Besitz der Glücksburger Herzöge überging. Es wurde als Jagdhaus genutzt. Hier mündet die Lindau in das Lindauer Noor. Bis 1926 gab es hier eine Fähre mit einem Ruderboot zu dem **Gut Stubbe**. Als zweite Eisenbahnbrücke entstand 1926 die jetzige einspurige Verbindung. Einmalig ist die Nutzung einspurig für PKW und Bahn. Die elektrohydraulische **Klappbrücke** aus Stahlgittern hat eine Spannweite von 120 m. Nach der Brücke fahren wir von Norden kommend nach **Rieseby**. Vor der Kirche und vor der Sporthalle gibt es Parkplätze.

Die elektrohydraulische Klappbrücke aus Stahlgittern

Der Weg ist anfangs bis zur Schlei spärlich mit der Nr. 1 gekennzeichnet. Hinter der **Sporthalle** links zwischen zwei Sportplätzen hindurch, und durch das erste Drehkreuz überqueren wir bis zum nächsten Drehkreuz eine Koppel. Entlang von Knicks kommen wir wieder an ein Drehkreuz, überqueren eine Koppel und gehen nach dem vierten Drehkreuz scharf nach links. Weiter vorbei an Knicks und Feldern kommen wir an einen großen **Findling**. Von dort geradeaus auf den **Wald (Petriholz)** zu. Hinter einer Bank führt ein Weg geradeaus in den Wald, ohne Markierungen bis zu einer Weggabelung. Hier nach rechts weiter durch den herrlichen **Mischwald** bis zu einer Schranke und Querweg. Hier beginnt unser Rundweg nach rechts bis zu einer großen Eiche an einem erneuten Querweg. Wir halten uns links, vorbei am **Forsthaus** führt dieser Feldweg zum Gut Stubbe Dieses Gut war im 13. Jahrhundert das Zentrum der bischhöflichen Besitzungen in **Schwansen**. Einige Flurnamen wie Petriholz, Jahnsholz usw. weisen noch auf die kirchlichen Herren hin. Diese organisierten auch den Bau der Kirche in Rieseby. Im 16.Jahrh. übernahm der Adel das Gut. Es gehörte zum Landbesitz der Ahlefeldt, die noch heute ihren Sitz im Gut Olpenitz haben. Heute werden im Gut junge Holsteiner Pferde die ersten drei Jahre großgezogen. Nach links vor dem **Gutshaus** vorbei führt das Engelsföhr zum Schleiufer. Gegenüber den ersten Häusern nach dem Gut liegt auf einem Moränenhügel ein markantes **Hügelgrab**. Wir bleiben jetzt immer am Schleiufer. Es wechseln nun Steilufer, Schilfgürtel und aktives Kliff.

Einige Aussichtspunkte bieten ein einmaliges Panorama über die Schlei bis Lindaunis. Bevor wir einen Bach überqueren müssen, befindet sich eine Buchenwaldlichtung, die bis an die Schlei reicht. In der Mitte steht ein Holzpfahl als Wegweiser. Wir folgen ab jetzt der Nr. 2 in den Wald entlang dem Bachbett aufwärts, bis wir an einen breiten Querweg kommen. Diesem folgen wir nach links entlang dem Waldsaum und Feldern. Nachdem wir wieder in den Wald kommen halten wir uns an einer Weggabelung links. Dieser Weg führt uns wieder an die Abzweigung beim Forsthaus.
Hier an der Schranke den gleichen Weg nach rechts zurück bis Rieseby. Die **Kirche von Rieseby** stammt aus dem 13. Jahrhundert. Der hölzerne Turm wurde 1700 auf einem vorgeschichtlichen Grabhügel errichtet. Kunstschätze in der Kirche sind der alte Taufstein aus Granit sowie die Trumpfkreuzgruppe im Chorbogen aus dem 13. Jahrhundert. Einen Besuch wert ist auch der **historische Krug** neben der Kirche.

Am Ufer der Schlei

Von Missunde nach Weseby

Steilufer mit vielen Bademöglichkeiten, etwas für Beeren und Pilzsammler

Aufwand: ca. 6 km / 3 Stunden	**Karte:** Kompass Nr. 714 Rendsburg-Eckernförde
Einkehr: In Missunde, rechts und links der Schlei	**Info:** Touristinformation Brodersby Tel. 04622-808 **http://www.brodersby.de/index.html**

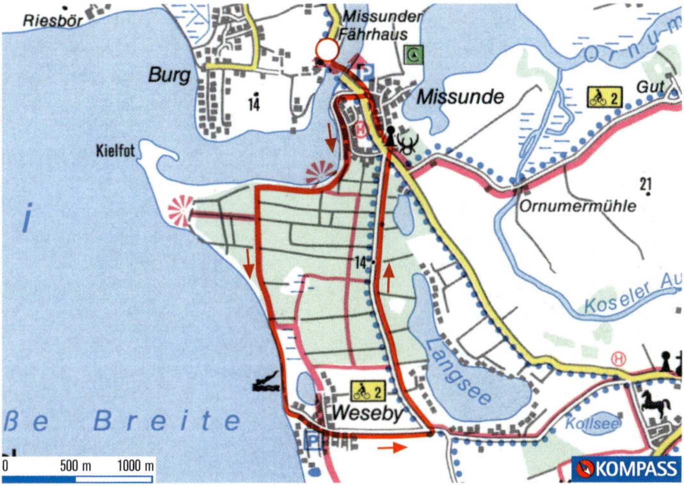

Anfahrt/Ausgangspunkt ist der Parkplatz neben der Fähre, von der B76 Richtung Kosel-Missunde oder von der B201 über **Brodersby**. Die Fähre ist täglich zwischen 7 und 23 Uhr fahrbereit. Bei Bedarf Glocke betätigen.

Die über 40 km lange Schlei ist eine der fünf Förden in Schleswig-Holstein. Sie entstand durch eine Gletscherzunge. Die 4 km lange **Missunder Enge** ist die schmalste Stelle der Schlei mit 120 m. Die Tiefe beträgt hier immerhin 7 m. Die Landschaft ist Eiszeitlich geprägt mit aktiven Kliffs. Schwere Gefechte im Krieg zwischen Schleswig-Holstein und Dänemark fanden hier 1848 und 1850 statt. Dabei wurde der Fährhauskrug in Brand geschossen. Ein Ehrenmal der Gefallenen befindet sich auf der Missunder Seite beim Kammergrab Wir fahren mit der Fähre über die Schlei und gelangen so in den Kreis Rendsburg-Eckernförde bzw. Schwansen. Gleich hinter der Schranke gehen wir vor dem Café Missunde den Weg entlang der Schlei. Rechts gesäumt von Schilfgürtel, links von Wochenendhäusern, mit Blick auf **Schleswig** mit seinem Dom, Wikingerturm und der Zuckerfabrik führt der Weg hinauf auf das Steilufer. Hier genießen wir das einmalige Panorama auf den Schiffsverkehr der Schlei. Für Sammler gibt es hier viele **Brombeer- und Schlehenbüsche**. Hinter einem Forsthaus am Steilufer führt der Weg direkt an der Abbruchkante weiter. Nach einem eingezäunten Grundstück folgen wir dem Weg hinab ans Ufer. Hier befindet sich auf einem Stein die Markierung **Schleikilometer** 11,0 km. Weiter geht es durch den **urwaldähnlichen** Niederwald immer dem Ufer entlang. Hier befindet sich eine **Badestelle**. Von hier wieder ein schöner Blick auf Schleswig und die **Halbinsel Kielfot** (Schutzgebiet). Der schmale Uferpfad endet vor dem Zaun, der das Schutzgebiet absperrt. Vor diesem gehen wir nach links den Weg über die erste Wegkreuzung weiter geradeaus, bis wir auf einen Querweg kommen. Hier gehen wir nach rechts an das schon sichtbare Schleiufer.

Der Abschnitt der Schlei nennt sich die **„Große Breite"** und entstand in der Eiszeit durch einen Eisstau. Wir stehen jetzt an einem **aktiven Kliff**. Bei der weiteren Wanderung müssen wir darauf achten, dass wir nicht wie die vielen Bäume in den Abgrund stürzen. Besondere Vorsicht bei Kindern. Wir folgen der Abbruchkante bis kurz vor **Weseby**. Hier endet das Steilufer. Der Weg führt weiter entlang der Schlei bis zu dem **Badeplatz von Weseby**. Kurz vor dem ersten Haus verlassen wir durch ein Tor das Schleiufer. Eine Straße führt uns durch den Ort, an einem kleinen See vorbei. An einer Kreuzung geradeaus in Richtung Kosel und bei der nächsten Abzweigung nach links die Straße zurück bis nach Missunde. An der Einmündung der Straße von Kosel wechseln wir auf den Fuß-weg der rechten Straßenseite. Ein paar Treppen hinauf gelangt man zu einem **Ehrenmal** und einem gut erhaltenen **Gangkammergrab**.

Die Straße „zur Fähre" führt uns wieder an die Schlei.

Missunder Fährhaus

Stadtrundgang durch Schleswig

Auf den Spuren der Wikinger

Aufwand: ca. 6 km / 3 Stunden	**Karte:** Kompass Nr. 714 Rendsburg-Eckernförde Baedeker Reiseführer Seite 250
Einkehr: In der Stadt Schleswig	**Info:** Touristinformation Schleswig Tel. 04621-981616 **http://www.schleswig.de/start.php**

Anfahrt/Ausgangspunkt ist der Parkplatz vor dem Schloss Gottorf. Von der B76 Abfahrt Schleswig/Landesmuseen.

Das Archäologische Landesmuseum zählt mit über **fünf Millionen Fundstücken** zu den größten vor- und frühgeschichtlichen Sammlungen in Deutschland. Anschaulich präsentiert das Museum die archäologisch dokumentierte Landesgeschichte von den steinzeitlichen Jägern und Sammlern bis zu den Bürgern des Mittelalters. **Moorleichen**, die Opferfunde aus Nydam und Thorsberg sowie das älteste hochseetüchtige Ruderboot Nordeuropas - das **Nydamboot** (4. Jahrh.) - gehören zu den Höhepunkten der Ausstellungen.
Vom Parkplatz gehen wir nach rechts vor dem Schloss entlang zur Reithalle. Durch den Durchgang, über eine Brücke, und den Weg erst nach rechts, dann gleich nach links über einen Busparkplatz zum Schiffs-

anleger an der Schlei. Weiter ab der **Schiffsbrücke** den neuen Strandweg entlang der Schlei bis zum **Yachthafen**. Weiter führt der Wanderweg zum Strandbad und dem Schleiufer entlang, grobe Richtung Dom. Wir genießen den Blick auf die **Möweninsel**. Bis 1988 gab es einen Möwenkönig, den Pächter der Insel. Er hatte das Recht, die Möweneier zu sammeln und zu verkaufen. Eine bekannte Delikatesse. Seit man feststellte, dass die Eier mit Schadstoffen verseucht sind, brauchen sich die Möwen nicht mehr um ihre Eier zu sorgen. Im Hintergrund der Waldrücken auf der anderen Schleiseite beherbergt die Fluchtburg der Bewohner von **Haithabu**. Dies war von 800 - 1100 das größte und wichtigste Handelszentrum des Nordens und lag dem heutigen Schleswig gegenüber. Vom Stadthafen aus, fährt im Sommer ein Boot zum **Wikinger Museum Haithabu** in **Haddeby**. Wir kommen an einen runden Unterstand und gehen nach links auf den Hauptweg. Diesen nach rechts und dann geradeaus bis wir auf die Süderdomstrasse zum Seiteneingang vom **Dom** gelangen. Die Besichtigung ist ein Muss für jeden Touristen. In den Sommermonaten täglich von 9 - 18 Uhr geöffnet (**Bordesholmer Altar**). Im Dom gibt es einen Informationsstand. Wir gehen anschließend über die Hafenstraße nach rechts zum **Stadthafen**. Die Fischbrötchen dort sind sehr zu empfehlen. Die Hauptstraße nach links, kommen wir zur Süderholmstraße. Hier beginnt der Holm. Nach rechts gehen wir die Süderholmstraße bis zum Friedhof, und umrunden diesen nach rechts.

Der Holm ist einer der ältesten Stadtteile. Aus dem dänischen „Vom Wasser umgeben“ war die **Fischersiedlung Holm** früher eine Insel in der Schlei bis 1935. Heute leben hier noch ca. 10 Fischer. Auf dem Friedhof dürfen nur Holmer Bürger beigesetzt werden. „Fuß am Holm“ nennt sich eine kurze Straße, die zur Schlei führt. Kommen wir vom Schleiufer zurück, gehen wir den schmalenWeg zwischen den Häusern 5 und 9 nach rechts hindurch. Über ein paar Stufen gelangen wir wieder an das Schleiufer. Hier liegen die Kähne der Fischer und hängen die Reusen zum Trocknen. Von hier blickt man auf den Park des **Johannisklosters**. Wir verlassen die Schlei über Kopfsteinpflaster und gelangen so wieder auf die Süderholmstraße. Wer das Kloster besichtigen möchte, geht nach rechts, wir folgen der Straße nach links, zurück zum Friedhof. Über den gleichen Weg verlassen wir den Holm und gehen am Fußgängerüberweg geradeaus in die Fischbrüchstraße vorbei am Restaurant Friesenstube zum **Rathaus** hinauf. Das Rathaus steht auf den Fundamenten einer Franziskanerklosterkirche. Die Reste des Klosters befinden sich hinter dem Rathaus. Wir gehen den Rathausmarkt weiter, bis wir auf einen großen Platz mit Brunnen kommen.

Am Ende des Platzes gehen wir die Straße nach rechts und kommen auf die „Lange Straße“. Hier befinden sich gut restaurierte Bürgerhäuser

z.B. Nr. 9 und Nr. 11. Die „Lange Straße" mündet in den „Gallberg". Auch hier sind die Häuser Nr. 3 und 4 zu beachten. Wir gehen nach links in die Mönchenbrückstraße und gelangen so in die Fußgängerzone. Nach ca. 20 m ein romantischer Blick nach rechts zum Mühlbach. Der nächste Platz ist der Kornmarkt.Wir folgen der Fußgängerzone die nun Stadtweg heißt. Nachdem wir die Bismarkstraße gekreuzt haben, befindet sich auf der rechten Seite die Nr. 57, das Präsidentenkloster von 1656. Es wurde als Stift für Männer und Frauen gebaut, und besitzt eine reizvolle Kapelle. Schräg gegenüber vom Katasteramt steht auf der rechten Seite ein alleinstehender Glockenturm. Hier gehen wir rechts die Straße herauf und gleich nach links die Michaelisallee leicht bergauf. Wir kommen unterhalb eines Denkmals vorbei, an dem das erste Mal das **Schleswig-Holsteinlied** erklang. Wir passieren die Realschule und haben von hier einen schönen Blick auf die Schlei, das Oberlandesgericht und das Schloss Gottorf.
Vorbei am Kindergarten gehen wir die „Neuwerkstraße" hinunter und überqueren die alte Flensburger Straße. Unterhalb vom Kriegerdenkmal führt der Weg hinab zum Neuwerk. Die barocke Pracht vom **Gottorfer Fürstengarten** soll in naher Zukunft originalgetreu wiedererstehen. Hier neben dem Herkulesteich steht ein korinthischer Tempel mit Springbrunnen.
Dem gegenüber führt die Schlossallee von hinten zurück zum Schloss Gottorf, und somit wieder zum Parkplatz. Bei schönen, klaren Wetter sollte man der Aussicht wegen mit dem Lift in die 26. Etage vom **Wikingturm** (Café) fahren, um die Wanderung von oben noch einmal nachzuvollziehen.

Am Ufer der Schlei

22

Haithabu und das Haddebyer Noor

Ein Spaziergang in die Vergangenheit, guter Wanderweg

Aufwand: ca. 6 km / 2 Stunden	**Karte:** Kompass Nr. 714 Rendsburg-Eckernförde
Einkehr: Im Wikinger Museum	**Info:** Touristinformation Schleswig Tel. 04621-981616 **Museum Haithabu:** http://www.schloss-gottorf.de/

Anfahrt/Ausgangspunkt ist der Parkplatz am Friedhof von Haddeby (Museum). Abfahrt von der B77/76 in Richtung Kiel/Eckernförde. Wer sich in der Saison in Schleswig befindet, kann ab dem Stadthafen (Dom) mit dem Schiff nach Haddeby zum Museum fahren.

Vom Parkplatz aus gehen wir entgegengesetzt vom Museum nach rechts und kommen an eine Holztreppe, die zur **Hochburg** hinauf führt. Haithabu war von 800 bis 1000 das wichtigste und größte Handelszentrum von Nordeuropa. Bevor die Wallanlagen gebaut wurden, verschanzten sich hier in der Hochburg bei Gefahr die Bewohner. Wir folgen der Wegmarkierung und gelangen hinter dem Museum auf den Rundweg. Wir gehen nach rechts bis zu einem Eisenrost. Dahinter können wir die noch erhaltene **Wallanlage** besteigen. Wir gehen den breiten Weg weiter, und gelangen so auch nach dem Wall an ein Wegkreuz mit Hinweistafeln. Dort gehen wir den Wanderweg Nr. 5 genau durch die Mitte vom **Halbkreiswall**, dem ehemaligen Stadtkern von **Haithabu**. Am Durchgang vom Wall befand sich früher das Nordtor, dement-

sprechend gegenüber befindet sich das Südtor. Man könnte auch außen über den Wall wandern und trifft dann auf den Fernwanderweg nach Genua. Dieser kommt vom **Danewerk**, einem Schutzwall, der sich von Haithabu bis nach **Hollingstedt** erstreckt. In seinem Schutz wurden früher die Waren von der Ostsee über Haithabu auf Karren verladen und bis zum Treenehafen Hollingstedt auf dem Landwege transportiert. Bei Haithabu kreuzt diesen Ost- Westhandelsweg der Nord- Südhandelsweg, auch Heer- oder **Ochsenweg** genannt. Weitere Informationen erhält man im Wikinger Museum oder im Museum am Danewerk. Vom Ende der Wallanlage folgen wir dem Weg Nr 5 mit dem weißen Andreaskreuz in Richtung Haddebyer Noor und Noorbrücke. An einer Querstraße gehen wir nach rechts bis zur Hauptstraße und dann etwa noch 20m nach links bis zu einem Parkplatz. Hier befindet sich der **Eriksstein**. Dieser **Runenstein** ist ein Totengedenkstein für einen gefallenen Krieger der Wikinger mit dem Namen Erik. Von hier aus könnte man der Straße entlang, und dann durch Selk die Wanderung erweitern, und zusätzlich auch das Selker Noor umrunden (Wanderung 23). Wir gehen aber wieder zurück und folgen dem „Wedelspang“ geradeaus durch eine Siedlung immer der Beschilderung nach. Über einen Waldweg gelangen wir an den **Sigtrygstein**, auch ein Runenstein. Durchs Schilf führt der Weg über die Noorbrücke, die das Haddebyer- vom Selker Noor trennt. Die Idylle wird hier leider gelegentlich durch im Landeanflug befindliche Düsenjäger gestört. Diese gehören zum Fliegerhorst Jagel, früher Marineflieger, heute Luftwaffe, genannt die „Immelmänner“. Am Steilufer gehen wir oben nach links, rechts kommt man vom Rundweg Selk zurück. Unser Weg führt uns jetzt entlang dem Steilufer mit schönem Blick auf Schleswig und Haithabu, bis wir an die B76 kommen. Der Weg führt nun über einen Radweg entlang der Schlei bis nach einem Campingplatz.
Dort über den Fußgängerüberweg (Ampel) gelangen wir, vorbei an der **Kirche von Haddeby**, wieder zum Parkplatz.

Am Südtor von Haithabu

23

Um das Selker Noor

Teilweise Holzbohlenweg und Straße, Badeplatz in Selk

Aufwand: ca. 5 km / 2 Stunden	**Karte:** Kompass Nr. 714 Rendsburg-Eckernförde
Einkehr: Im Wikinger Museum	**Info:** Touristinformation Schleswig Tel. 04621-981616

Anfahrt/Ausgangspunkt ist ein Parkplatz an der Landstraße nach Selk/Brekendorf, zu erreichen von der B77 kurz vor Schleswig die Abfahrt Selk/Brekendorf abfahren, und nach ca. 500m auf der linken Seite auf den Parkplatz fahren.

Hier befindet sich der **Erikssstein**, eine Nachbildung, das Original steht im **Wikinger Museum Haithabu**. Vom Parkplatz aus folgen wir dem Fuß und Radweg entlang der Straße in Richtung **Selk**. Nach etwa einem km auf der rechten Straßenseite befindet sich der **Königshügel**. Dieses Denkmal erinnert an ein Gefecht zwischen der Dänischen- und der K.K. Österreichischen Armee vom 03.02.1864. Es wurde auf einem Hügelgrab, 40m NN errichtet. Wenig später folgen wir der Straße nach Niederselk. In **Jagel** befindet sich ein Militärflughafen, der früher zur Marine gehörte. Heute übt hier lautstark die Luftwaffe. Wir kommen in Selk am Hotel Quellental vorbei und genießen auf der linken Seite den Blick auf das **Selker Noor**. Am Kriegerdenkmal links vorbei folgen wir nun der Straße nach Fahrdorf. Hier treffen wir auf den **Fernwanderweg Nordsee-Ostsee-Adria**, weißes Andreaskreuz. Wir folgen der Straße

noch ein ganzes Stück, bis diese eine scharfe Kurve nach rechts macht. Hier zweigen wir nach rechts ab, und kommen an eine **Badestelle** am Selker Noor. Wir bleiben am oberen Rand der Liegewiese und steigen über Stufen in den Wald. Der Weg führt geradeaus zu einem Jugendzeltplatz. Hier wird es etwas unübersichtlich! Wir gehen nach rechts vorbei an einem Bolzplatz und vor einem Wald, nach den Sportgeräten nach links, und vor einem Gatter wieder nach rechts. Nun folgen wir weiter dem Andreaskreuz durch einen Hohlweg entlang dem Waldsaum. Über Stufen steigen wir ab und durchqueren über einen Steg ein Autal. Weiter am Hochufer des Selker Noores bis wir an die **Noorbrücke**, die das Selker- vom Haddebyer Noor trennt gelangen. Geradeaus würden wir auch noch das Haddebyer Noor umrunden. Wir folgen dem Andreaskreuz über die Brücke. Von hier aus erkennt man gut den Dom von Schleswig, und die grauen, wabenförmigen Gebäude des Wikinger Museums. Diese symbolisieren umgedrehte Boote. Wir treffen dann auf den **Sigtrygg Stein**.
Durch den Wald, vorbei an Feldern gelangen wir wieder an die Hauptstraße, wo sich rechts unser Parkplatz befindet.

Der Sigtrygg Stein

Von Haithabu über den Verbindungswall

Wald, Stadt und Schleiufer Rundweg

Aufwand: ca. 6 km / 3 Stunden	**Karte:** Kompass Nr. 714 Rendsburg-Eckernförde
Einkehr: Im Wikinger Museum und Kiosk in Busdorf	**Info:** Touristinformation Schleswig Tel. 04621-981616

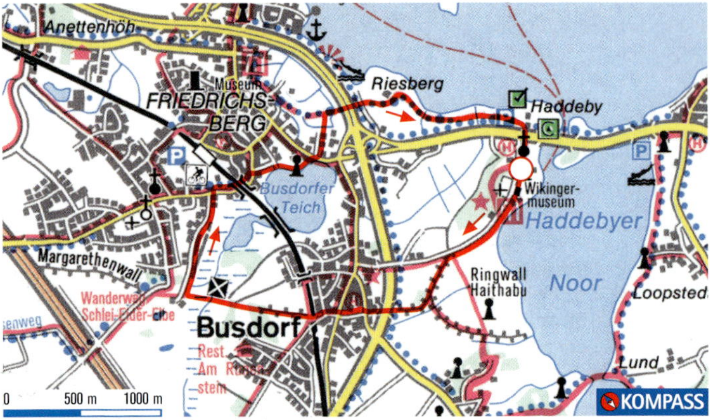

Anfahrt/Ausgangspunkt ist der Parkplatz am Wikinger Museum in Haddeby. Anfahrt von der A7 über die Abfahrt Schleswig/Jagel, und von der B76 Abfahrt in Richtung Kiel/Eckernförde. Abzweigung zum Museum Haithabu beachten.

Vom Parkplatz aus den Wanderweg am **Museum** vorbei, entweder über die breite Roste und über den Ringwall von Haithabu oder auf dem Wanderweg rechts weiter bis zum ersten Durchlass im Wall (**Früher Nordtor**). Ab hier geradeaus, neben der Straße nach links, und auf dem Fernwanderweg den zweiten Wallabschnitt erklimmen. Von hier ein schöner Blick auf das ehemalige Siedlungsgebiet Haithabu und das Haddebyer Noor. Nach einem erneuten Abstieg, vor einer Brücke den Weg nach rechts. Dieser führt über den **Verbindungswall** zu einem Parkplatz an der B77. Vor der Straße nach links, durch die Unterführung. Jetzt dem Radweg nach Busdorf folgend, nach der Unterführung links und die Straße nach rechts. Die erste Straße wieder nach links, entlang dem Wall. An einer Straßenkreuzung geradeaus, über die Eisenbahnbrücke, nach rechts in die Straße, und gleich wieder links auf den Verbindungswall. Jetzt immer auf diesem bleiben, und nach einem fast alpinen Abstieg weiter geradeaus durch eine sumpfige Niederung. Nach einer Brücke gelangen wir an die ehemalige Trasse der **Kleinbahn Kropp/Schleswig**. Vor dem langgezogenen Bau einer Taufabrik gehen wir auf der Bahntrasse nach rechts bis zur Hauptstraße (Kiosk). Hier nach rechts unter der Bahnbrücke (vor dem Bahnhof Schleswig) die Hauptstraße weiter, bis wir nach rechts in den Bötelstieg abzweigen. Am Ende nach rechts, entlang dem Fußweg um den **Busdorfer Teich** bis zum Kriegerdenkmal (1850). Wir bleiben weiter am Ufer, und gehen nach rechts über die Schleuse. Der Weg endet an der Hauptstraße nach Kiel. In Höhe eines Autohauses überqueren wir die Bundesstraße, und gehen auf dem Wanderweg vor der Auf- und Abfahrt der B76 in Richtung Schlei. Unter der B76 führt der Weg jetzt immer geradeaus, entlang der Schlei bis zur Ampel an der **Haddebyer Kirche**. Von hier weiter zum Parkplatz.

Am Schleiufer

Durch das Gehege Tiergarten

Schattige Waldwanderung durch den Jagdforst der Herzöge

Aufwand: ca. 5 km / 2 Stunden	**Karte:** Kompass Nr. 714 Rendsburg-Eckernförde
Einkehr: Im Schloss Gottorf und im Waldhotel	**Info:** Touristinformation Schleswig Tel. 04621-981616

Anfahrt/Ausgangspunkt ist der Parkplatz vor dem Schloss Gottorf, von der B76 die Abfahrt Schleswig/Landesmuseen.

Im Schloss Gottorf befindet sich das Landesmuseum für Vor- und Frühgeschichte, und ebenfalls das Museum für Kunst und Kulturgeschichte. Diese Museen erhielt die Stadt Schleswig dafür, dass sie den Titel der Landeshauptstadt an Kiel abgab. Die Museen sind von April bis Oktober täglich von 9 bis 17 Uhr geöffnet, von November bis März außer am Montag von 9.30 Uhr bis 16 Uhr. Wir umrunden vom Parkplatz aus das Schloss nach links oder rechts und folgen der Schlossallee geradeaus. Vor einem **korinthischen Brunnen** und einer Wasserkaskade im ehemaligen **Fürstengarten** gehen wir nach links zum Waldhotel. Hinter diesem auf einem Weg den Berg hinauf, bis wir vor einem parkähnlichen Grundstück mit Herrenhaus stehen. Vor dem Park nach links, und gleich nach diesem wieder nach rechts. Wir folgen jetzt dem Fernwanderweg (weißes Andreaskreuz). **Der Tiergarten war der ehemalige Jagdforst der Herzöge.** Dort, wo der Fernwanderweg nach rechts abzweigt, gehen wir geradeaus weiter bis zu einem Parkplatz.

Ab hier den breiten Weg nach links bis zu einem Wegkreuz. Hier folgen wir dem „Kolonnenweg“ Richtung Waldschlösschen. Den Weg immer weiter, bis wir die Hasselholmer Talbrücke der B76 unterqueren. Gleich nach dem Hotel **Waldschlösschen** folgen wir dem asphaltierten Weg nach links und unterqueren wieder die B76. Nun führt der Weg durch ein **Moorgebiet**. Von rechts schimmert der Burgsee vom Schloss Gottorf durch das Unterholz.
Nachdem wir den **Hasselholmer** Wasserlauf überquert haben, halten wir uns rechts, vorbei an Fischteichen, und gelangen so wieder zur Schlossallee und zum Parkplatz.

Blick auf den Schlosssee

Bergenhusen und seine Störche

Entdeckungsreise durch das Storchendorf

Aufwand: ab Kirche **rote Markierung** ca. 1 km / 1 Stunde, **blaue Markierung** 4 km / 2 Stunden	**Karte:** Kompass Nr. 712 Husum-St.Peter-Ording
Einkehr: In Bergenhusen	**Info:** FVV Süderstapel; Tel. 04883-9102 **NABU:** Tel. 04825-570 http://www.nabu.de/m05/m05_03/00505.html

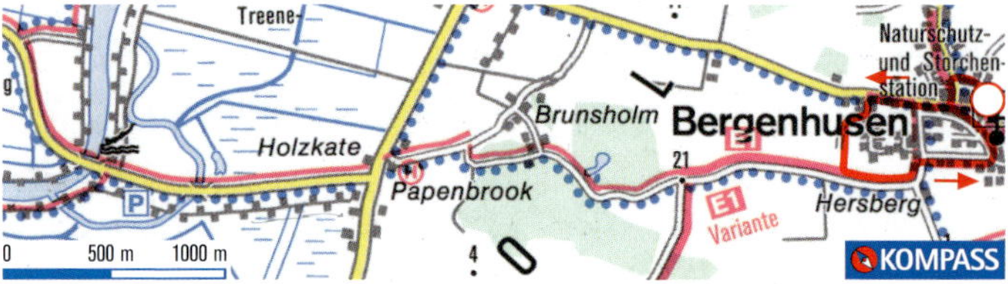

Anfahrt/Ausgangspunkt ist der Parkplatz vor dem Friedhof, bzw. neben der **Kirche** von Bergenhusen, zu erreichen über die A7, Abfahrt Schleswig/Jagel, die B77 bis Kropperbusch, dort nach rechts Richtung Erfde fahren. Nach Kleinbennebek und Altbennebek Abzweigung über Reppel nach **Bergenhusen**. Am Parkplatz befindet sich eine **Hinweistafel** über zwei markierte Wanderwege, und einen Radrundwanderweg. **Die rote Markierung** führt durch den Ort, vorbei an den meisten Storchennestern und zum Storchenmuseum. Zurück vor der Kirche eine Hinweistafel mit der Storchenstatistik der letzten Jahre.

Sorge Niederung

Durch den Lebensraum vom Weißstorch

Infowanderung durch die Feuchtgebiete

Ab der Wegetafel vor dem Friedhof Bergenhusen den **blauen Dreiecken** folgen. Auf ca. 4 km befestigten Wanderwegen wird durch Schautafeln der Lebenslauf vom Weißstorch erklärt.

Ankunft der Störche aus Afrika im **April**. Sie besetzen die Nester, - meist verbunden mit viel Geklapper und gelegentlich sind Storchenkämpfe und Paarungen zu beobachten.
Ab **Mai** brüten die Störche, gelegentlich kommen noch Spätheimkehrer, und ab Mitte Mai schlüpfen die ersten Küken. Anfang **Juni** schlüpfen die meisten Jungen. Interessante Zeit für einen „Blick ins Storchennest" über die Videokamera im Naturschutzzentrum NABU. Wer Glück hat, kann dabei sogar miterleben, wie die Jungen die Eier verlassen. Fast immer wacht einer der Storcheneltern bei dem Nachwuchs. Fütterungen können häufig beobachtet werden.
Die Jungstörche sind im **Juli** nicht mehr zu übersehen. Beide Eltern gehen jetzt gemeinsam auf Nahrungssuche. Junge betteln gierig um Futter, sobald ein Altvogel zum Nest zurückkommt. Ab Mitte Juli erste Flugübungen auf dem Nest. Ende Juli erste Ausflüge der Jungstörche.
Die Jungen sind im **August** zusammen mit den Eltern bei der Nahrungs-suche auf den Wiesen und Weiden im Umfeld Bergenhusens zu beobachten. Tagsüber halten sie sich nur noch selten auf dem Nest auf.
Ab **Mitte August** sammeln sich die Jungstörche zum Abflug nach Afrika, wenig später folgen ihnen die Eltern.

Von Süderstapel um den Westerkoog

Deichwanderung entlang der Eider, kaum Schatten

Aufwand: ca. 6 km / 2 Stunden	**Karte:** Kompass Nr. 712 Husum-St.Peter-Ording
Einkehr: Nur in Süderstapel	**Info:** FVV Süderstapel Tel. 04883-9102

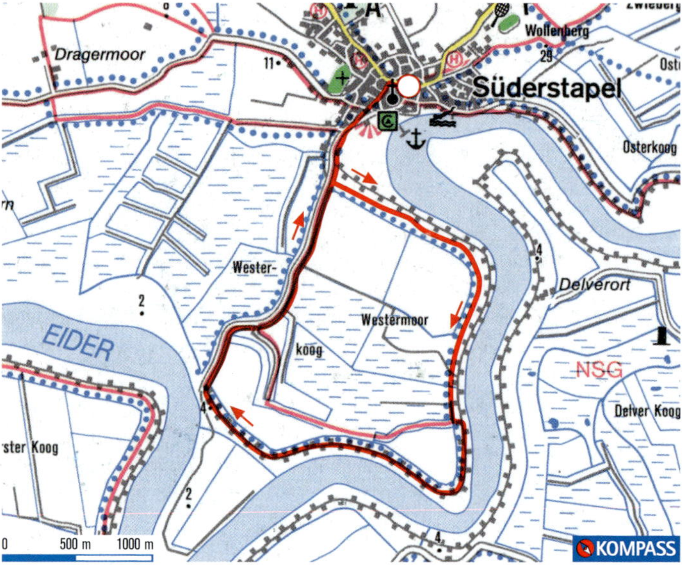

Anfahrt/Ausgangspunkt sind die Parkplätze vor der Kirche von **Süderstapel**, die man von der B202 (Rendsburg/Husum) erreicht.

Von der Kirche kommend gehen wir rechts die Straße hinunter, vorbei an der **Storchenklinik**. Die nächste Straße nach Rechts, vorbei an einem Reitstall. An der nächsten Wegegabelung nach links, auf der zunächst asphaltierten Deichkrone. An der nächsten Gabelung gehen wir links, den rechten Weg kommen wir später wieder zurück, unterhalb vom Deich bis zu einem Gatter. Nun folgen wir dem Deich, entweder auf der Deichkrone, oder unterhalb der Fahrspur. Der **Eider** folgen wir jetzt ein langes Stück, bis diese scharf!! nach rechts fließt, um dann kurze Zeit später wieder nach links weiter zu fließen. Die Eider macht

dann einen großen Bogen nach rechts und ist schließlich auf unserer rechten Seite wieder auszumachen. Dieser Bogen wird durch den Deich, der nach rechts weiter läuft, abgeschnitten. Wir verlassen hier die Eider, und folgen dem Deich nach rechts, in Richtung eines roten Backsteinbaues. Auf der Hälfte dort hin gelangen wir auf eine befestigte Fahrspur. Diese führt uns beim Backsteinbau (ein Schöpfwerk) nach rechts.
Eine schmale Straße führt uns nun zum Ausgangspunkt zurück.

Kirche Süderstapel

Das Treenetal bei Tarp

Herrliche Waldwanderung im Urstromtal der Treene

Aufwand: ca. 4 km / 1 Stunde	**Karte:** Kompass Nr. 707 Flensburg-Kappeln
Einkehr: Nur in Tarp	**Info:** Grünes Binnenland e.V. Tel. 04638-898404 **http://www.gruenes-binnenland.de/**

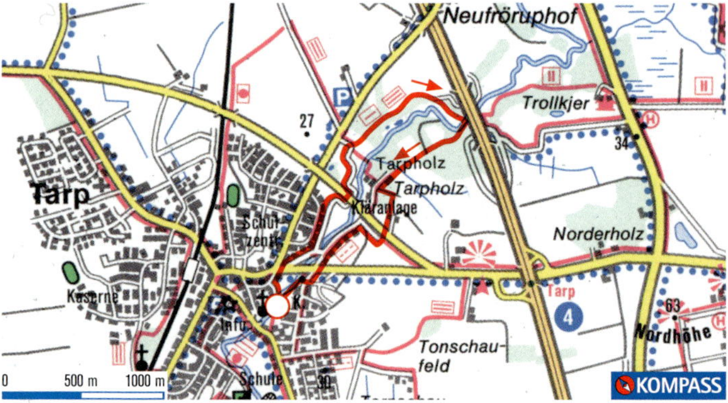

Anfahrt/Ausgangspunkt ist der Parkplatz vor der ev. Luth. Kirche in Tarp und ist von der A7 und der B76 über die Abfahrt Tarp erreichbar. **Tarp** ist im **Amt Oeversee** mit etwa 6000 Einwohnern die größte Gemeinde. Informationen bekommt man im Touristbüro in der sehenswerten Galerie-Windmühle im Zentrum.

Wir suchen uns die Dorfstraße (Durchgangsstraße) und fahren hinter, bzw. vor der Polizeistation die Straße bis zum Parkplatz vor der Kirche, um dort zu parken. Von dort gehen wir nach rechts die „Alte Straße" bis zur Polizei. In der Kurve der Hauptstraße gehen wir nach rechts die Straße „Im Treenetal" hinunter in Richtung Treenebrücke. Wir biegen 50 m vorher nach links in die Straße „Am Köhlberg" ein und wandern diese weiter bis zur Talbrücke der L15. Unter ihr hindurch , nach links, vorbei an der Kläranlage, kommen wir an ein Wegedreieck. Wir gehen den anfangs noch asphaltierten Weg unterhalb vom Friedhof nach rechts. Der Weg führt nun geradeaus durch den Wald, nicht zur Huberbrücke abbiegen. Rechts unten schlängelt sich die **Treene**. Diese ist hier nicht reguliert und fließt frei durch die Schmelzwasser-

rinne der „Niederen Geest“. Der Talboden ist nicht erschlossen. Nach einiger Zeit biegen wir nach rechts zur Jägerbrücke ab. Hier den oberen Weg wählen, der untere führt als Sackgasse in das Autal. Der Lärm der nahen Autobahn ist nicht zu überhören. Weiter gehen wir über die Jägerbrücke und dann nach rechts in den Wald, durch das Tarpholz. Wir bleiben auf dem Hauptweg und gelangen wieder an die Talbrücke der L15. Über Stufen führt der Weg unter der Brücke hindurch, und die folgende Straße gehen wir nach rechts, hinunter bis zur Treenebrücke. Die dort links liegende achteckige Fischerhütte war das Wohnhaus von Dr. Behm, dem erfinder des Echolotes. An dieser vorbei, gehen wir die Straße bergauf und vor einem Bolzplatz nach rechts den „Treeneweg“ wieder hinunter an das Treeneufer. Wir folgen dem Weg, bis wir nach rechts über eine Brücke auf das andere Ufer gelangen.
Vor einem Teich steht rechts eine Bank, hinter der scharf nach rechts ein schmaler Weg durch den Kirchgarten und durch den Kirchturm zurück zum Parkplatz führt.

Die Treene vor Tarp

30

Um den Idstedter See

Leichter Spaziergang mit Bademöglichkeit

Aufwand: ca. 4 km / 1 Stunde	**Karte:** Kompass Nr. 707 Flensburg-Kappeln
Einkehr: Nur in Idstedt	**Info:** Grünes Binnenland e.V. Tel. 04638-898404

Anfahrt/Ausgangspunkt ist der Wanderparkplatz an der Straße zwischen Idstedt und Idstedtfeld. Anfahrt über die B76, Abfahrt Böklund/Jübek in Richtung Idstedt. An der Gedächtnishalle vorbei durch den Ort Idstedt in Richtung Stolk/Böklund. Gleich hinter Idstedt, der See ist schon sichtbar, zweigt nach rechts die Straße nach Neuberend/Süderfahrenstedt ab. Nach wenigen Metern liegt rechts der Wanderparkplatz.

Auf einer Tafel sind 3 Wanderwege eingezeichnet, und in der Natur gut markiert:

1. **Rot** - Idstedter See und Langsee 10 km
2. **Blau** - Idstedter See und durch den Forst 7 km
3. **Gelb** - Um den Idstedter See 4 km

Wir folgen der gelben Markierung zum See, nach links durch den Wald, und weiter am See entlang. Nach etlichen Privatstegen überqueren wir einen Bach. Wegen einiger Privathäuser müssen wir das Seeufer verlassen und gehen auf einer Straße nach rechts. Wir biegen in die 2. Wegeinfahrt ein und kommen entlang einer Kiesgrube wieder auf eine

Straße. Dieser folgen wir nach rechts in den Ort Idstedt. Ein Rundweg direkt am See, wie er in einigen Karten eingezeichnet ist, existiert leider nicht. Im Ort gibt es eine Übersichtskarte. Von dort gehen wir auf dem Fußweg entlang der Straße nach Stolk bis zu einer Brücke. Auf der anderen Straßenseite führt neben dem Brückengeländer eine Treppe hinunter.

Ein Wiesenweg führt weiter zum Idstedter Badeplatz. Von hier aus zurück zum Parkplatz.

Gewitter am Idstedter See

31

Von Idstedt zur Räuberhöhle

Herrliche, schattige Waldwanderung

Aufwand: ca. 6 km / 3 Stunden	**Karte:** Kompass Nr. 707 Flensburg-Kappeln
Einkehr: Im Ruhekrug, an der Landstraße in Richtung Schleswig	**Info:** Grünes Binnenland e.V. Tel. 04638-898404

Anfahrt/Ausgangspunkt ist der Parkplatz an der Idstedt Gedächtnishalle. Anfahrt über die B76, Abfahrt Böklund/Jübek in Richtung Idstedt. Parken können Sie vor der **Idstedt Halle** oder vor der **Kirche**.

Idstedt Gedächtnishalle

Die Museumshalle wurde 1930 errichtet und zeigt anschaulich das Kriegsgeschehen 1850 und 1864. 1850 probte die Schleswig-Holsteinische Armee mit 26000 Mann den Aufstand gegen die dänische Armee mit 37000 Mann. Die größte, blutigste Schlacht seit Menschengedenken nördlich der Elbe hier bei Idstedt forderte über 6600 Tote, wobei die Dänen gewannen.

1864 startete ein neuer Versuch. 28000 Österreichische und 43000 Preußische Soldaten warfen die dänischen Truppen nach Norden zurück. Denkmäler gibt es bei Jagel, Selk, Königshügel bei Selk und bei Oeversee. Eine Entscheidung gegen die Dänen erfolgte im April 1864 mit der Erstürmung der Düppeler Schanzen und am 29. Juli 1864 mit der Besetzung der Insel Alsen durch Preußische Truppen.

Wir gehen hinter dem **Museum** die „Alte Landstraße“ nach rechts in Richtung Schleswig. Vorbei an einigen Baumärkten gelangen wir an die Hauptstraße, der alten „Schleswiger Chaussee“. Entlang dieser stark befahrenen Straße weiter, bis wir nach ca. 2 km links an einen Parkstreifen mit einem Hinweisschild auf die Räuberhöhle kommen. Parallelwege zur Straße im Wald konnten nicht ausgemacht werden.
Vor dem Parkstreifen zweigt nach links ein breiter **Forstweg** ab, diesem müssen wir nach dem Besuch des Steingrabes folgen. Zunächst gehen wir die paar Stufen vom Parkstreifen hinauf und dann nach rechts, im Wald immer entlang der Straße. Nach etwa 200 m kommen wir an eine Treppenanlage mit Hinweistafel. Oben gelangen wir zu einem **Hügelgrab** mit begehbarer Grabkammer von 9 Tragsteinen und 3 großen Decksteinen. Das Grab wurde vor ca. 5000 Jahren angelegt und ist in seiner ursprünglichen Form sehr gut erhalten.

In der Grabkammer

Am sichersten ist es, anschließend bis zu dem Forstweg an der Landstraße zurückzugehen. Die „Schleswiger-Chaussee“ bildet hier übrigens die **Wasserscheide** zwischen Nord- und Ostsee. 2 Pfosten mit der Jahreszahl 1812 und dem königlichen Wappen weisen darauf hin, dass der Weg, dem wir nun folgen, durch einen Staatsforst führt. Der Wald steht auf einer hohen Endmoräne, Kuppen sind bis zu 50 m hoch. Wer Glück hat, kann den Mäusebussard, Habicht, Turtel- und Hohltaube sowie Damwild beobachten. Die einmalige Landschaft lässt uns

schnell den strapaziösen Marsch entlang der Straße vergessen. Auf der rechten und linken Seite passieren wir einige Biotope. Wir müssen unbedingt auf dem breiten Weg bleiben, bis wir die Försterei erreicht haben. Hier gelangen wir an einen breiten Querweg, dem wir nach links etwa 500 m folgen. An einer Abzweigung nach links gelangen wir auf den Fernwanderweg Nordsee-Adria (weißes Andreas Kreuz). Diesem folgen wir immer geradeaus, bis dieser scharf nach rechts abbiegt. Wir gehen ohne Markierung den Geradeausweg weiter durch den Wald, bis wir nach einer Rechtskehre parallel zu einem Fahrweg kommen. Wir steigen die kurze Böschung herunter und folgen jetzt dem Fahrweg entlang von Viehweiden und Knicks nach links.
Bleiben wir auf diesem Weg, führt er uns zu den Baumärkten an der „Schleswiger-Chaussee“ zurück. Von dort nach rechts zum Ausgangspunkt zurück.

Idstedt Gedächtnishalle

32

Durch das Hechtmoor

Nach längerem Regen sehr feucht, Mückenschutz!!

Aufwand: ca. 3 km / 2 Stunden	**Karte:** Kompass Nr. 707 Flensburg-Kappeln
Einkehr: keine	**Info:** Grünes Binnenland e.V. Tel. 04638-898404

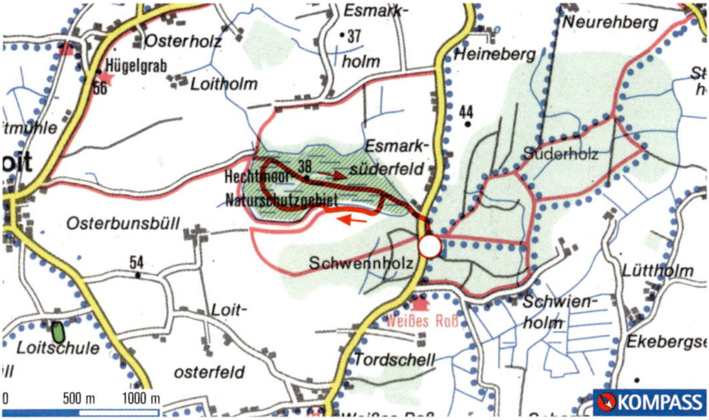

Anfahrt/Ausgangspunkt ist der Wald und Wanderparkplatz im **Rehbergholz**. Anfahrt über die Straße **Uelsby-Satrup**. Wer von Uelsby kommt, sollte auf halber Strecke rechts auf das ehem. Gasthaus „Weißes Roß" achten. Die Straße führt anschließend durch einen Hochwald, dem Rehbergholz. Vor dem km-Schild 14,8 liegt rechts der Parkplatz am Waldrand. Wer aus Satrup kommt, sieht bei Esmarksüderfeld in einer scharfen Rechtskurve ein flaches, weißes Reetdachhaus, die Nummer 6, auf der rechten Seite liegen. Nach der Kurve liegt links der Parkplatz, ca. 2 km nach **Satrup**.

Wir achten nicht auf die Wegweiser am Parkplatz, sondern gehen den Fußweg neben der Straße nach rechts zu dem **Reetdachhaus**. Nachdem wir die Straße überquert haben, gehen wir vor dem Haus einem Wegweiser folgend, über einen Bach, und an einem Tümpel nach links den schmalen Pfad durch eine moorastige Hölzung, bis wir zu einem **Findling** an einer Weggabelung kommen. Wir gehen nach links zum Rundweg. Diesem folgen wir, und gelangen nach dem Wald auf einen breiteren Fahrweg. Vorbei an Viehweiden, Knicks und Feuchtwiesen,

gelangen wir an einen Wegweiser mit rotem Punkt, der über eine Weide (Elektrozaun!) zum Wald führt. Bei einem gelben Hinweisschild auf das Naturschutzgebiet übersteigen wir einen Balken. Wir folgen nach links dem Weg durch das Moor, und gelangen wieder an einen Findling, dessen Pfeil uns nach rechts durch das Moor wieder zum ersten Findling zurückführt.
An der Abzweigung mit dem roten Punkt kann man auch geradeaus über einen Wiesenpfad den Wald umrunden. Nach dem Überwinden einer feuchten Wiese und mehrerer Gatter gelangen wir an einen 2. Zufahrtsweg, der von **Havetoftloit** aus zu einem kleinen **Parkplatz** vor dem Moor führt. Von diesem gehen wir in den Wald und gelangen an den Rundweg und den Findling, dem wir jetzt nach links folgen.
Der Unterschied zwischen dem Hochmoor und einem Niedermoor ist, dass das Wasser des Hochmoores nicht mit dem Grundwasserspiegel in Verbindung steht. Nach dem im Hechtmoor der Torf bis in die Tiefe abgebaut wurde, und durch Gräben entwässert wurde, entwickelte sich ein Niedermoor mit seiner typischen Pflanzenwelt. Frühgeschichtlich gehörte das Hechtmoor (wie einige andere auch) zu den „heiligen Stätten“ in Angeln. Es wurden hier Reste eines **Opferplatzes** gefunden.

Im Hechtmoor

Durch die Fröruper Berge

Ca. 90 ha großes Naturschutzgebiet mit seltenen Pflanzen, guter, schattiger Weg

Aufwand: ca. 4 km / 2 Stunden	**Karte:** Kompass Nr. 707 Flensburg-Kappeln
Einkehr: an der B76 in Richtung Flensburg	**Info:** Grünes Binnenland e.V. Tel. 04638-898404

Anfahrt/Ausgangspunkt ist der Wanderparkplatz Fröruperberge. Anfahrt über die B76, Abfahrt ist beschildert zwischen Tarp und Oeversee. Die schmale Straße bis zum Ende fahren. Dort befindet sich in einer aufgelassenen Kiesgrube ein großer **Parkplatz** mit **Grillmöglichkeit**.

Die Wanderung führt durch die abwechslungsreiche Landschaft einer Endmoräne. Die Berge resultieren aus dem Schutt und Geröll, welches die Gletscher früher vor sich her schoben. Das Moor und das Waldgelände wurden schon 1936 unter Naturschutz gestellt. Wenn wir uns die dortige Orientierungstafel angeschaut haben, drehen wir uns um und gehen in dem gegenüberliegenden schmalen Waldweg bergauf. Oben an einer Wegegabelung halten wir uns rechts und umgehen den Bergkegel. Der folgende schmale Weg führt hinunter auf eine Fahrstraße. Auf dieser gehen wir nach links, und bleiben auf der Straße, bis diese in einen Schotterweg übergeht. Ab hier beginnt eine spärliche gelbe Markierung. Zur rechten Seite umrunden wir das **Budischmoor**.

Beeindruckend im Frühjahr (Mai/Juni) die weißblühenden **Wollgrasmatten im Moor**. Nach diesem folgen großflächige Heidefluren. An Bäumen fallen vor allem Eichen, Birken, Fichten und Lerchen auf. Wir bleiben immer auf dem breiten Weg, an Gehöften gehen wir immer rechts vorbei. Nach dem 2. Gehöft führt der Weg durch einen **Mischwald**. Wir bleiben immer auf dem Weg, nirgends abzweigen und sehen zum Schluss auf der linken Seite feuchte Au-Wiesen, die zur **Treene** hin entwässern. Wir kommen wieder auf die Fahrstraße, und gehen nach links zurück auf dem gleichen Weg zum Parkplatz.

Im Moor

Am Treßsee

Besuch der Binnendünen am Nordufer

Aufwand: ca 1 km / 1 Stunde	**Karte:** Kompass Nr. 707 Flensburg-Kappeln
Einkehr: keine	**Info:** Grünes Binnenland e.V. Tel. 04638-898404

Anfahrt/Ausgangspunkt ist ein Parkstreifen an der Straße zwischen Augaard und Juhlschau. Anfahrt über die B76, Abfahrt Augaard in Höhe Oeversee. Die schmale Straße führt zunächst zur **Treenebrücke**. Hier ein Hinweisschild für Wasserwanderer. Nach der Brücke kommen wir nach Augaard. Im Ort nicht die Straße nach links abbiegen, sondern die schmale Straße geradeaus, leicht nach rechts weiter fahren. Nach einem **Fichtenwäldchen** auf der rechten Seite macht die Straße eine Linkskurve. Ab hier beginnt die Wanderung!

Der Weg führt durch einen abgeholzten Wald oberhalb eines kleinen Sees, der sich in einer Wiesenniederung wahrscheinlich durch Niederschlag gebildet hat. Am Ende des Sees sehen wir vor uns die **Dünenkette**, 42 m hoch, die sich bis zum Treßsee hinzieht. Wir gehen der grünen Markierung nach. Von den Dünen aus, kann man den Treßsee überblicken, der stark verlandet ist. Der See ist umgeben von Sumpf und Moor, und dementsprechend auch seine seltene Tier und Pflanzenwelt. Das **Treßseebecken** liegt gleichfalls mit der oberen Treeneniederung in einer eiszeitlichen Schmelzwasserrinne, auch Tunneltal genannt. Die **Treene** durchfließt den See. Die grüne Markierung führt uns nach rechts wieder zum Ausgangspunkt zurück.

Von Sörup zum Südensee

Ort und Landschaftswanderung mit Bademöglichkeit

Aufwand: ca. 8 km / 2 Stunden	**Karte:** Kompass Nr. 707 Flensburg-Kappeln
Einkehr: in Sörup	**Info:** Touristikverein Sörup Tel. 04635-1277 www.touristik-soerup.de

Anfahrt/Ausgangspunkt ist der Parkplatz vor der sehenswerten Kirche in Sörup. Der Ort ist aus allen Richtungen leicht zu erreichen, da er zentral in der Mitte von Angeln liegt.

Vom Parkplatz aus zunächst die Schulstraße in Richtung Gammelby bis zu einer Straßengabelung. Hier nach rechts, nicht den Seeweg!!! bis zu einer roten Tennishalle. Hier zweigen wir nach links in Richtung Gammelby ab. Die schmale Straße führt uns vorbei an Biotopen durch das Gammelbyer Moor. Nach ca. 2 km an der Friedenseiche (1873) in Gammelby zweigen wir in Richtung Seende nach Links ab. Vorbei an einer Kläranlage folgen wir in Seende der Gammelbygaarder Allee (Sackgasse). Diese führt oberhalb vom Südensee durch Wiesen und Felder zurück nach Sörup. Gleich am Ortseingang zweigt nach rechts ein Fußweg ab, der direkt zum See führt.
Der Südensee ist etwa 2,2 km lang, und ca. 500 m breit. Sein Umfang beträgt 6 km, und er ist bis zu 3,6 m tief. Nach dem Langsee ist er der 2. größte See in Angeln. Sein Abfluss bildet die Bodenau. Am See

gelangen wir bei einem Spielplatz an eine Badestelle mit Rettungsstation. Gleich hinter dieser gehen wir nach links die Seeblickstraße hinauf, und folgen dieser entlang von Bungalows bis zur Schleswiger Straße. Hier nach links vorbei am Ehrenfriedhof zurück zur Kirche.

Kirche in Sörup

Um den Sankelmarker See

Bequemer Spaziergang, etwas feucht

Aufwand: ca. 4 km / 2 Stunden	**Karte:** Kompass Nr. 707 Flensburg-Kappeln
Einkehr: Gaststätte „Kiek in" an der B76	**Info:** Grünes Binnenland e.V. Tel. 04638-898404

Anfahrt/Ausgangspunkt ist der Wanderparkplatz an der B76. Anfahrt über die B76, an der Gaststätte „**Kiek in**" befindet sich unterhalb ein Parkplatz. Von diesem aus nach links durch das Drehkreuz in den Herbert-Thomsen Weg. Auf diesem umrunden wir den See.

Kurz bevor wir das Westufer erreicht haben, und wir über eine Brücke die Bilau überquert haben, befindet sich ein **guter Badeplatz**.
Achtung, der Uferstreifen gegenüber der Insel, ist eine Schutzzone. Hier kann es etwas feucht werden. Nach einem Schilfgürtel führt der Weg durch einen Wald, und vorbei an Wochenendhäusern am Seeufer zurück. Nachdem wir die **Bilau** zum zweiten mal auf einer

Brücke überquert haben, gehen wir den Weg nach rechts weiter und bleiben immer am Seeufer. Dieser Weg führt direkt zum Parkplatz zurück. Nur 1½ km vom See entfernt befindet sich in Oeversee eine sehenswerte **Feldsteinkirche** mit gotischem Deckengewölbe aus dem 12. Jahrhundert.

Besonderheiten an der B76 sind mehrere **Denkmäler**, die an den Krieg 1864, als die Österreicher und Preußen gegen die Dänen kämpften, erinnern.

Sehenswert, für einen „dickeren" Geldbeutel auch empfehlenswert ist der „**Historische Krug**" an der B76.

Überregionale Bedeutung in der Erwachsenen-Bildung hat die **Akademie Sankelmark**.

Am Sankelmarker See

Von Kupfermühle nach Padborg

GENDARMSTIEN - Der Gendarmenpfad

Aufwand: ca. 6 km / 2 Stunden	**Karte:** Kompass Nr. 707 Flensburg-Kappeln Info-Heft mit Karten vom Tourist-Büro
Einkehr: in Kruså und in Padborg	**Info:** Kruså Touristbureau Tel. 0045-47672171 **http://www.visitflensborgfjord.com/Tysk.htm**

Seit der Wiedervereinigung im Jahr 1920 bei der die Grenze nach Deutschland festgelegt wurde und bis zur Auflösung der dänischen Grenzgendarmerie im Jahre 1958 gingen die blaugekleideten Gendarmen zu Fuß Patrouille, dem sogenannten Gendarmenpfad, entlang der Küste und der Landesgrenze. In einer Zusammenarbeit zwischen dem Kreis **Sønderjylland**, der Gemeinde **Sønderborg** und dem Staatlichen Forstbezirk **Gråsten** ist der Pfad jetzt auf dem größten Teil der Strecke von **Padborg** bis nach **Høruphav** wiederhergestellt worden.
Der Gendarmenpfad ist überall mit besonderen Schildern mit einem blauen Gendarm als Symbol gekennzeichnet.

Anfahrt/Ausgangspunkt ist der Grenzübergang Kupfermühle. Nach der Grenze rechts, auf den Parkplatz vor der Tourist Info in Kruså. Hier bekommt man den Busfahrplan der Linie 10 für die Rückfahrt, und das Wanderheft in Deutscher Sprache über den 74 km langen Gendarmenpfad.

Wir überqueren an der Ampel die Straße, und gehen geradeaus zwischen den Häusern hindurch, entlang dem Parkplatz vom **Kaufhaus Rita** auf den Wald zu. Hier treffen wir auf die Markierung des Gendarmstien (blauer Gendarm auf weißem Feld). Der Weg führt oberhalb vom Mühlenteich in Krusa bergauf. Von der Höhe aus hat man eine gute Rundumsicht. Der Weg ist gut markiert und es bedarf keiner Beschreibung. Als erstes treffen wir auf ein freigegrabenes Stück der **Heerstrasse**, „Den Krumme Vej". Es folgt eine herrliche Aussicht auf den Niehuus See, der auf der deutschen Seite liegt. Leider ist von hier die bewachsene Burgruine nicht zu sehen. Dann folgt die „Kongens Kilde" (Königsquelle) im Tal „Haraldsdal".
Etwas schwierig wird es in **Padborg.** Nach dem kleinen See (Quelle) und einem Parkplatz, führt der Weg nach rechts weiter, und an einer Straße wieder nach rechts. Schräg gegenüber führt dann der, wieder markierte Weg, weiter oberhalb eines Tales, bis wir in Padborg vor dem Bahndamm angelangt sind. Wir folgen der Straße an der Bahn entlang, bis wir auf die Hauptstraße kommen. Hier gehen wir nach rechts, bis wir bei einer Apotheke an eine Bushaltestelle kommen. Ab hier fährt ca. alle Stunden ein Bus der Linie 10 in ca. 20 Minuten zurück bis zu unserem Parkplatz in Kruså.

Markierung vom Gendarmenpfad

38

Entlang der Flensburger Förde

Ausgedehnte Strandwanderung, wenig Schatten

Aufwand: ca. 16 km / 5 Stunden	**Karte:** Kompass Nr. 707 Flensburg-Kappeln Info-Heft mit Karten vom Tourist-Büro
Einkehr: in Sønderhav, Sandager und Alnor und auf dem Schiff siehe: **http://www.nordlicht-reisen.com/**	**Info:** Kruså Turistbureau Tel. 0045-47672171 Busfahrplan auch in deutscher Sprache **http://www.sydbus.dk**

Anfahrt/Ausgangspunkt ist die Hafenmole in Flensburg. Parken am Hafen gegen Gebühr möglich. Mit dem frühesten Schiff nach Kollund fahren, oder in der Saison ab Glücksburg nach Kollund. Um 17:45 Uhr fährt ein Schiff ab Gråsten Hafen über Glücksburg nach Flensburg zurück, allerdings nicht täglich, und nur in der Saison!!! Fahrplan siehe Nordlichtreisen unter „Einkehr". Ansonsten mit der Syd-Buslinie 10 ab Gråsten zurück, Busfahrplan siehe „Info" oder Tourist-INFO Küpfermühle.

Vom Fährhafen Kollund gehen wir die Straße hinauf, den blauen Markierungen nach, und überqueren dann schräg nach rechts die Küstenstraße in Richtung Kollund Kirche. Hier gleich wieder die erste Straße nach rechts, vorbei an mehreren Häusern gelangen wir auf eine asphaltierte Straße, der wir nach links hinauf, vorbei an einem Campingplatz folgen. Hier müssen wir rechts auf die Umzäunung achten, wo diese endet, und die Straße eine leichte Linkskurve macht, zweigt nach rechts ein schmaler Pfad durch Wiesen ins Unterholz ab. Dieser führt uns jetzt entlang dem oberen Ende des Campingplatzes, bis wir auf einen breiten Weg stoßen. Hier folgen wir wieder der blauen Markierung nach rechts. Nach kurzer Zeit erreichen wir rechts einen 2. Campingplatz. Hier befindet sich links ein Wegweiser. Nach rechts vor dem Camp. führt ein Weg hinab zum Strand und von dort zurück nach Kollund Mole.
Wir gehen geradeaus weiter in Richtung **Sønderborg**. Vorbei an Wiesen und Feldern führt uns schließlich eine Ortsstraße geradeaus durch die Siedlung Kollund-Østerkov. Immer geradeaus gelangen wir wieder auf einen breiten Weg, der uns durch einen Wald wieder auf die Küstenstraße führt. Auf dem Fußweg nach links gelangen wir an die Fähre zu den **Ochseninseln**. Wer hinüber möchte, muss die Glocke Läuten. Wir gehen weiter und nehmen an dem Kiosk in **Sønderhav** Erfrischungen und eine der **berühmten Hot-Dogs** zu uns. Der Weg führt nun am Fördeufer weiter, es fehlen leider einige Schilder, aber man kann sich an den weißen Pfosten orientieren.
Neben der Küstenstraße gelangen wir jetzt auf einen Parkplatz. Hier befindet sich eine Übersichtskarte. Ab hier geht es wieder an den Strand. Etwa 2 Stunden sind wir jetzt unterwegs. Nach der Durchquerung eines Schilfgürtels verlassen wir bei Rønshoved für kurze Zeit das Ufer. Bergauf, bergab und dann nach links durch den Wald vorbei an Moortümpeln gelangen wir wieder an den Strand. Die Stranderød-Bucht umrunden wir auf einem Steilufer. Von hier ein herrlicher Blick auf die **Ochseninseln** und das Glücksburger Ufer.
Kurz vor **Sandager** befindet sich ein ausgebaggerter Seitenarm der Förde, genannt **Helligso**. Hier kann man seltene Vogelarten beobach-

ten, und am gegenüber liegenden Ufer erkennt man die 2 Turmspitzen der Kirche von **Broager** und das **Kliff von Holnis**. Der Pfad führt nach der Kläranlage nach rechts weiter und gibt einen schönen Blick auf die schneeweiße Kreuzkirche von **Rinkenæs** frei. Diese wurde 1932 eingeweiht und gilt als eines der schönsten Fotomotive. Vorbei an einem Parkplatz müssen wir die schmale Straße nach rechts hinauf auf die Häuser zu, und zum Leuchtfeuer abbiegen. Am Leuchtturm von 1896 vorbei führt der Weg für ca. 100 m entlang dem Sandstrand, dann erst nach links hinauf und gleich wieder nach rechts führt jetzt ein Kiesweg zunächst durch Schilf und dann wieder an die Förde. Inzwischen erblickt man die Klappbrücke vom **Egernsund**. Noch bis 1968 sorgte hier eine Fähre für dir Verbindung zwischen Egernsund und Toft. Wir durchqueren jetzt das Gelände eines Campingplatzes und folgen anschließend dem Weg weiter entlang dem Ufer durch ein Schilfgebiet. Dem folgenden Sandstrand gehen wir bis zu einer Parkanlage (Alnor), in der sich ein Ententeich befindet. Hier verlassen wir den Strand und gehen auf einen Kiosk zu. Eine Erfrischung haben wir uns sicher verdient.

Vom Kiosk aus gehen wir jetzt vor zur Straße, und diese nach links weiter bis zum Alnor Kro. Hier nach rechts in die Gyvelvey Straße vor bis zur Hauptstraße. An den Ampeln überqueren wir diese, und gehen auf die Bushaltestelle zu. Die Straße am Einkaufszentrum geradeaus führt zum Hafen, von wo aus etwa um 17 Uhr (siehe Fahrplan) das Schiff nach Glücksburg und Flensburg zurück fährt. Ab der Bushaltestelle fährt im Stundentakt die Syd-Buslinie 10 zurück bis Flensburg ZOB über Kruså

Schloss Gråsten, Sommersitz der dänischen Königsfamilie

Wandern an der Westküste von Nordfriesland

Der Schwerpunkt dieses Wanderbuches liegt an der Ostseeküste und im Landesinneren des Kreises Schleswig-Flensburg. Natürlich macht es Sinn, Dank der kurzen Entfernung, auch die Westküste kennen zu lernen. Deshalb möchte ich ihnen einige touristische Ziele dort vorstellen, und natürlich auch erwandern. Gewisse, gravierende Unterschiede sind dabei zu beachten. Das wir es an der Nordseeküste, im Gegensatz zur Ostsee, mit Ebbe und Flut zu tun haben, dürfte bekannt sein, aber wichtig ist, auf den Wind, speziell die Stärke und die Windrichtung zu achten. Einige Strandwanderungen werden bei starkem Ostwind unmöglich, da sich das Wasser staut, und der Wasserspiegel der Ostsee bis um 50 cm ansteigen kann. Zur gleichen Zeit fällt der Wasserspiegel an der Nordsee! Bei Westwind ist es umgekehrt. Dank der fehlenden Wälder und Hügeln ist man bei Wanderungen an der Westküste relativ ungeschützt dem Wetter ausgesetzt. Viele nützliche Infos finden Sie im **Wanderführer 940** der Insel Sylt. Bei Wanderungen auf den Inseln und Halligen sind Sie auf die Fährschiffe angewiesen. Nach **Sylt** gelangen Sie mit der Bahn ab **Niebüll**, mit dem Schiff ab **Rømø (DK)**, oder ab Nordstrand nach Hörnum. Die Insel **Föhr** ab Dagebüll, Insel **Amrum** ab Dagebüll, Schlüttsiel und Nordstrand. Insel **Pellworm** ab Nordstrand, und die **Halligen** mit der Fähre ab **Schlüttsiel**, und den Ausflugsschiffen ab **Nordstrand** und Schlüttsiel. Weitere lohnende Wanderziele findet man im Staatsforst bei **Leck**, und **Süderlügum**, durch die Köge zwischen Dagebüll und Hattstedt, auf Eiderstedt das **Katinger-Watt** und am Strand von **St.Peter-Ording**.
Eine Bitte an die Hundehalter, wegen der Schafe sind die Hunde auf den Deichen immer an der kurzen Leine führen.

Von Tönning zum Eidersperrwerk

Unter Schafen und Kühen, kein Schatten, an Wetterschutz denken

Aufwand: ca. 20 km / 6 Stunden	**Karte:** Kompass Nr. 712 Husum-St.Peter-Ording
Einkehr: In Tönning und am Eidersperrwerk	**Info:** Tönning Tel. 04861-61444 **http://www.toenning.de** **http://www.katinger-watt-virtual.de/**

Anfahrt/Ausgangspunkt ist der Parkplatz am Hafen oder vor der Kirche in **Tönning**. Zu erreichen über die **„Grüne Küstenstraße“** B5.

Dank der strategischen Lage an der Eidermündung erhielt **Tönning** 1590 das Stadtrecht. Es wurde eine Festung, ein Schloss und der Hafen gebaut. Dieser war für 10 Jahre der Umschlagplatz vieler Güter, die für Hamburg bestimmt waren, denn Napoleon blockierte in dieser Zeit die Elbe. Die Handelswirtschaft brach mit dem Bau vom **Nord-Ostsee-Kanal** zusammen. Heute lebt der Ort vom Fremdenverkehr, dem Krabbenfang und dem Wasser und Schifffahrtsamt. Das Wahrzeichen ist die St. Laurentiuskirche aus dem 12. Jahrhundert. Die Grünanlage am südlichen Ende vom Marktplatz ist der ehemalige Schlossgarten. Hier steht das Denkmal des bekannten **Chirurgen Friedrich von Esmarch**, der in Tönning geboren wurde.

Wir gehen links am Hafenbecken entlang, und beim Schifffahrtsamt auf den Eiderdeich bis zum **Wattforum Multimar**. Dies ist eine Erlebnisausstellung über das **Wattenmeer** und den **Nationalpark** mit zahlreichen Großaquarien, Spielen und Multimedia-Elementen. Ein Tipp bei Regenwetter, denn die Besichtigung braucht Zeit!
Wir überqueren die Eiderbrücke. Hinter einem Verkehrshinweisschild nach Lunden folgen wir nach rechts, entlang dem Eiderdeich, einem Fußweg. Nach etwa 2 Stunden gelangen wir an den kleinen **Hafen Schülperneuensiel**. Der Zustand vom Plattenweg unterhalb des Deiches wird schlechter, und wir müssen auf die Deichkrone wechseln. Das **Eidersperrwerk** rückt langsam näher. Nach 3 Stunden erreichen wir die Straße, die durch das Sperrwerk als Tunnel führt. Wir überqueren diese, und wandern oberhalb auf dem asphaltierten Deich über die **Eider**.

Tore des Eidersperrwerkes

Der Damm ist 4,5 km lang, und 8,5 Meter hoch. Er hat fünf gewaltige Doppelhubtore von je 40 Metern Breite und 250 Tonnen Gewicht. Diese können bei Sturmfluten das Eidergebiet komplett abriegeln. In normalen Zeiten sollen sie den Ein- und Auslauf von täglich im Durchschnitt 100 Millionen Kubikmetern Wasser so regulieren, dass einerseits die Entwässerung der Eider und des Binnenlandes verbessert, andererseits durch einen durch Rückstau verstärkten Ebbstrom der Versandung vorgebeugt werden kann. Bei Flut werden die Tore geschlossen, bei Ebbe geöffnet. Eine Schleuse auf der Nordseite des Sperrwerkes hält die Eiderschifffahrt aufrecht. Der Tunnel zwischen den Doppeltoren des Eidersperrwerkes verbindet Dithmarschen und die Halbinsel Eiderstedt. Das Großprojekt wurde 1973 eingeweiht, kostete 170 Millionen Mark und gilt an der Westküste als das Jahrhundertbauwerk.

Nach dem Sperrwerk folgen wir der Straße nach rechts in Richtung Tönning. Der Fußweg führt vorbei am Naturschutzgebiet „**Katinger Watt**“, führt durch Moor und Niederwald nach ca. 5,4 km wieder zum Eiderdeich. Auf diesem nun nach rechts bis zur Badeanstalt Tönning. Hinter dem Freibad, vorbei am Tennisplatz, den „Strandweg“ bis vor zur Hauptstraße gehen. Weiter den Fußweg nach rechts bis zum Bahnübergang. Die Einbahnstraße geradeaus bis zum ehemaligen Schlossgarten. Durch das Deichtor gelangen wir wieder zum Hafen von Tönning.

Gezeiten (Ebbe und Flut)

Erde und Mond drehen sich im Monat einmal um ihren gemeinsamen Schwerpunkt. Diese Rotation erzeugt auf der Erde vom Mond weggerichtete Fliehkräfte. Die Gravitationskraft und die Zentrifugalkraft bewirken zwei Flutberge. Der Beobachter an der Küste erlebt das Schauspiel in einem periodischen Steigen (**Flut**) und Fallen (**Ebbe**) des Wassers. Eine **Tide**, bestehend aus einer Flut und einer Ebbe dauert rund 12 Stunden. Die mittleren Unterschiede des Wasserstandes (**Tidenhübe**) an der deutschen Nordseeküste betragen 2 - 4 Meter.

Graugans im Katinger Watt

40

Leuchtturm Westerhever-Sand

Zum Wahrzeichen der Küste, auch für Heiratswütige

Aufwand: ca. 3 km / 1 Stunde	**Karte:** Kompass Nr. 712 Husum-St.Peter-Ording
Einkehr: Kirchspielkrug Westerhever und im Kiosk am Parkplatz	**Info:** FVV Westerhever Tel. 04865-1206 **http://www.westerhever-nordsee.de/**

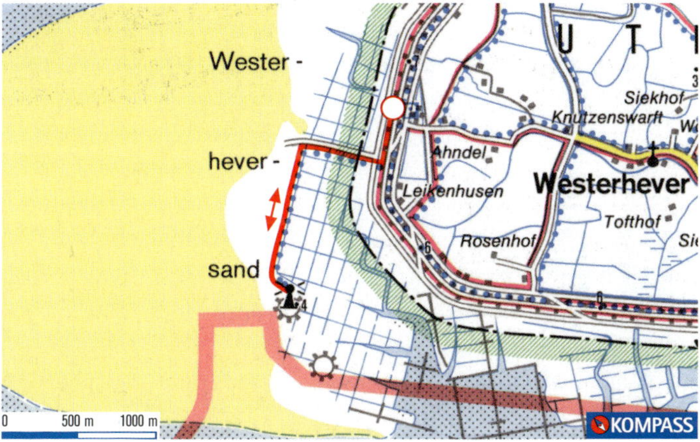

Anfahrt/Ausgangspunkt ist der Parkplatz am Deichaufgang, die Anfahrt über die B202 bis **Tating**, über **Tümlauer Koog** (Kleiner Hafen) weiter bis zum Deich in **Westerhever**.
Tipp, die Tour so planen, dass man bei Ebbe, besser noch bei Ostwind in **Westerhever** ist, eventuell Gummistiefel mitnehmen. Zum Kaffeetrinken auf der Rückfahrt lädt der historische **„Rote Haubarg“** in **Witzwort** mit seinem kleinen Museum ein.

Eingebettet in einer Salzwiesenlandschaft stellt der weithin sichtbare Leuchtturm mit seinen zwei baugleichen Häusern ein Ensemble von außerordentlichem Reiz dar. Der Turm wurde im Jahre 1906 auf einer 4 m hoch aufgeschütteten Warft mit Pfahlgründung (127 dicke, lange Eichenpfähle) und Betonsockel errichtet. Auf einem gemauerten Sockel wurde der Turm aus 608 miteinander verschraubten 130 Tonnen schweren gusseisernen Platten montiert. Das Bauwerk wuchs dann bis zu einer Höhe von 41,5 m über dem mittleren Tidehochwasser heran.

Innerhalb des Turmes befinden sich 9 Stockwerke. Im Jahre 1908 wurde das Leuchtfeuer in Betrieb genommen. Als Lichtquelle diente zunächst eine Kohlelichtbogenlampe, die den notwendigen 70V Gleichstrom aus einem, von zwei Dieselaggregaten angetriebenen Generatoren mit Pufferbatterien bezog. Erst 1951 wurden die Aggregate an das öffentliche Stromnetz angeschlossen. Die Lichtbogenlampe wurde 1975 durch eine moderne 2000 Watt Xenon Hochdruck Entladungslampe mit einer Lichtstärke von 183 000 Candela ersetzt. Die Reichweite beträgt 22 Nautische Seemeilen (1 NM = 1,852 km), nachts bei guter Sicht an die 50 km. Durch die Automatisierung ging der Leuchtturmwärter im Jahre 1979 vom Turm.

Leuchtturm Westerhever-Sand

Die Häuser werden heute von Zivildienstleistenden der Schutzstation Wattenmeer bewohnt. Der Bau des Leuchtturms wurde seinerzeit errichtet, um der Schifffahrt zwischen den Besonders gefährlichen Sandbänken vor **Eiderstedt** und in den **Heverstrom** hinein eine bessere Orientierung zu ermöglichen. Das von der Xenon-Hochdrucklampe erzeugte Licht wird von Prismen und Linsen ausgerichtet (gebündelt) und durch farbige Scheiben in weiße und rote Sektoren eingeteilt.

Von See her kann mit Hilfe der Seekarte, auf der die „Kennung" des Leuchtturms verzeichnet ist, an der Farbe des Sektors, den man gerade sieht und am Rhythmus des blinkenden oder stetigem Lichts erkennen, in welcher Richtung man sich zum Leuchtturm befindet. Durch eine „Kreuzpeilung" zu einem anderen Leuchtfeuer kann man am Schnittpunkt der beiden Pfeil-Richtungen schließlich seinen genauen Standort

bestimmen. Der Leuchtturm ist seit 2001 auch von innen zu besichtigen und zu besteigen, so dass man sich von allen hier beschriebenen Details ein besseres Bild machen kann. Die Turmbesichtigung ist nur mit Führung möglich, die Anmeldung hierfür und der Verkauf der Eintrittskarten erfolgt ausschließlich im Informations-Pavillon am Parkplatz in Westerhever. Hier erfährt man auch Besichtigungszeiten und zusätzliche Hinweise. Wenn man die 157 Stufen in Richtung Himmel erklommen hat, bietet sich dem Besucher ein Weitblick über weite Teile von Eiderstedt und die Insel- und Halligwelt, der wohl unvergesslich bleibt. Für Brautpaare gibt es auch die Möglichkeit, sich im dafür hergerichteten „**Hochzeitszimmer**" auf dem Turm im Beisein eines Standesbeamten das „Ja-Wort" zu geben. (Anmeldungen hierfür Amt Eiderstedt in Garding, Tel. 04862/10 000).
Vom Parkplatz aus auf dem Weg!! den Deich überqueren, und am Deichfuß zunächst nach rechts, dann nach links dem beschilderten Weg durch die Salzwiesen bis zum Leuchtturm folgen. Auf dem gleichen Weg wieder zurück!

Einkehr im „Rote Haubarg" in Witzwort

Zu der St. Salvator-Kirche auf Pellworm

Ein Marsch durch die Marsch, an Windschutz denken!!

Aufwand: ca. 13 km / 3 Stunden	**Karte:** Kompass Nr. 712 Husum-St.Peter-Ording
Einkehr: Mehrere an der Wanderstrecke	**Info:** Kurverwaltung Tel. 04844-18940-43 **http://www.pellworm.de/**

Anfahrt/Ausgangspunkt ist der Nordhafen **Strucklahnungshörn** auf **Nordstrand**. Aus dem Raum Flensburg fährt man die B200, zweigt nach Bredstedt ab, dort die B5 bis Hattstedt, weiter über Wobbenbüll bis Nordstrand. Mit der Fähre in 40 Minuten zum Tiefseeanleger auf **Pellworm**. Ab hier kostenlos mit dem Bus bis zum Kurzentrum.

Pellworm ist 38 qm groß, hat ca. 1200 Einwohner und ist eine Marschinsel. Sie umgibt ein 8 Meter hoher Deich, die Insel selbst liegt etwa 1 Meter unter dem Meeresspiegel. Bis zur großen Sturmflut im Jahre 1362 gehörten **Pellworm**, **Nordstrand**, **Hamburger Hallig** und Hallig **Nordstrandischmoor** zu einem zusammenhängenden Landgebiet. Durch diese fanden Tausende Menschen den Tod in den Fluten, und viel Land, z.B. das sagenumwogende **Rungholt** gingen verloren. Eine 2. Flutkatastrophe 1634 zerstörte 19 von 22 Kirchen und wieder kamen 6000 Menschen ums Leben. Die Küstenlinie nahm dabei die heutige Gestalt an. Nach dem Kurhaus gehen wir auf den Außendeich, und auf diesem nach rechts in Richtung Leuchtturm. An diesem vorbei weiter bis zum Untjiehörnweg. Nach links dann den Osterschütting, vorbei an der Schutzstation Wattenmeer, bis wir nach links dem Westerschitting bis zum Deich folgen. Hier können wir das Rungholtmuseum besuchen. Ab dem Strandcafe auf der Tammwarft gehen wir noch 30 Minuten bis zur alten Kirche. Die urkundlich erwähnte Gründung der Alten Kirche **St. Salvator** geht auf den Urbanstag des Jahres 1095 zurück. Damit ist das 900jährige Bauwerk vermutlich die älteste Kirche der Westküste. Sie steht auf einem alten Thingplatz. Die markante Turmruine ist das Wahrzeichen Pellworms und dient heute noch - wie schon seit Jahrhunderten - den Seefahrern als Landmarke. Das Innere ist von eindrucksvoller Schönheit. Unter den kostbaren Kirchenschätzen befinden sich ein Klappflügelaltar aus dem 15. Jahrhundert, eine Bronzetaufe von 1475, sowie die berühmte Arp-Schnitger-Orgel aus dem Jahre 1711. Es ist das einzige Instrument des großen Orgelbaumeisters in Schleswig-Holstein, das mit wesentlichem historischen Bestand erhalten ist. Ab hier fahren wir mit dem Bus zurück zum Anleger.

St. Salvator Kirche

42

Hallig Hooge

Von Warft zu Warft

Aufwand: ca. 6 km / 2 Stunden	**Karte:** Kompass Nr. 705 Amrum-Föhr
Einkehr: Auf der Backens- und Hanswarft	**Info:** Touristikbüro Tel. 04849-9100 **http://www.hooge.de/**

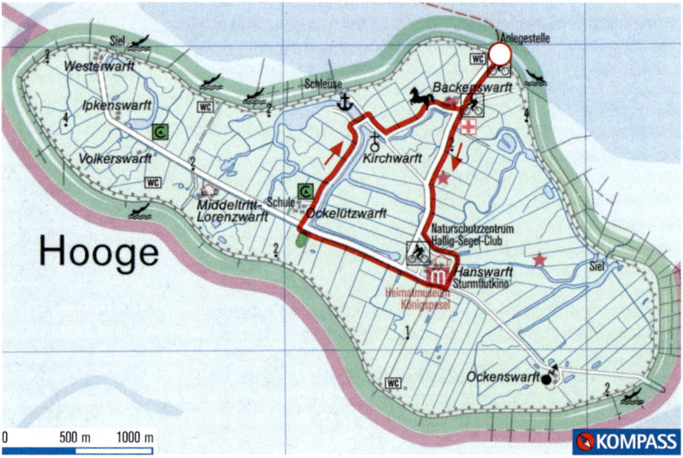

Anfahrt/Ausgangspunkt sind die Fährhäfen **Schlüttsiel** und **Strucklahnunghörn** auf Nordstrand.

Im Nordfriesischen Wattenmeer gibt es heute noch zehn Halligen, **Hooge**, **Langeneß**, **Oland**, **Gröde**, **Hamburger Hallig**, **Nordstrandischmoor**, **Habel**, **Südfall**, **Süderoog** und **Norderoog**. Die Halligen Hooge und Langeneß sind durch einen Sommerdeich geschützt, die anderen werden 10 bis 15 mal im Jahr überflutet. Nordstrand und **Pellworm** sind von einem etwa 8 Meter hohen Seedeich umgeben, wie auch **Föhr** und **Sylt** an einigen Stellen. Die Häuser liegen erhöht auf einer 4 bis 6 Meter hohen „Warft". Mit 5,6 qm ist Hooge die zweitgrößte Hallig. Zu ihr gehört auch das vorgelagerte Vogelschutzgebiet Norderoog, wo im Sommer ein Vogelschutzwart für Ordnung sorgt. Nach der Ankunft können Sie Fahrräder mieten, oder eine Halligrundfahrt in einer Kutsche unternehmen.

Vom Schiffsanleger wandern wir vorbei an der Backenswarft zur Hanswarft. Hier befindet sich das Heimatmuseum mit Funden der untergegangenen Siedlungsflächen aus dem Wattenmeer. Auch den „**Königspesel**", eine Friesenstube aus dem 18. Jahrhundert können Sie hier besichtigen, und einiges über die Wohnkultur der Seefahrer erfahren. Für allgemeine Infos steht Ihnen hier das Touristbüro zur Verfügung. Von hier wandern wir nach rechts bis vor die Ockelützwarft, hier befindet sich die Schule. Die Straße nach rechts führt uns zur Schleuse und zum Hafen. Von hier können wir auf die sehenswerte **Kirchwarft** mit Kirche und Friedhof gelangen. Die Halligkirche aus dem 17. Jahrhundert enthält Kunstwerke des Meisters Ringeling. Einige Gegenstände stammen aus untergegangenen Kirchen im Watt. Von hier wandern wir zurück zum Schiffsanleger, aber nicht ohne vorher einen Pharisäer gekostet zu haben. Auf der Rückfahrt auf **Nordstrand**, sollte man bei Interesse, die **Töpferei** im Ort „**Süden**" besuchen.

Kirchwarft

43

Die Insel Amrum

Perle der Nordfriesischen Inseln

Aufwand: ca. 16 km / 4 Stunden	**Karte:** Kompass Nr. 705 Amrum-Föhr
Einkehr: Genügend Möglichkeiten entlang der Wanderstrecke	**Info:** Amrum-Touristik Tel. 04682-94030 http://www.amrum.de/

Anfahrt/Ausgangspunkt sind die Fährschiffe der „Adler-Linie" ab **Nordstrand** um 9 Uhr mit 7 Stunden Aufenthalt, oder die „WDR-Linie" ab **Dagebüll**, wo Sie 4 Stunden Zeit auf Amrum haben, wenn Sie mit der Fähre gegen 10 Uhr abfahren.

Vom Schiffsanleger in **Wittdün** halten wir uns links am Wasser. Vorbei am WDR-Fahrkartenverkauf und dem Parkplatz gehen wir nach links auf die Strandpromenade. Wir umrunden die Südspitze und folgen der „Wandelbahn“ oberhalb vom **Kniepsand**, bis uns ein Holzbohlenweg entlang dem Nehrungssee **„Wriak-Hörn“** in Richtung Dünenkette führt. Wir überqueren die Dünen und gehen über den Strand bis an den Flutsaum. Jetzt nach links, ca. 4 km immer am Wasser entlang, bis der Dünenübergang nach Nebel mit der Kniepsand- und Strandhalle rechts auftaucht. Jetzt verlassen wir die „offene See“, und folgen dem „Strunwai“, um dann nach links in den „Tanenwai“ einzubiegen. Dem „Noorderstrunwai“ folgen wir anschießend nach rechts, bis in den Ortskern von Nebel. Sollte es mit der Zeit knapp werden, können Sie ab **Nebel** mit dem Bus zurück fahren. Nach Besichtigung der Kirche und dem Friedhof folgen wir dem „Uasterstigh“, und weiter dem „Ualaanj“ in Richtung Steenodde und Wittdün. Vorbei an einem Schullandheim geht es nun oberhalb vom Wattenmeer und dem **Steenodder-Kliff** bis zu einer Landungsbrücke. Hier ist der Ölhafen von Amrum. Von **Steenodde** gehen wir über den Deich bis zum Seezeichen- und Yachthafen. In der Saison kann man hier **Krabben** vom Kutter kaufen. Nun ist es nicht mehr weit zum Fähranleger in **Wittdün**.
Etwas kürzer ist es, den Holzbohlenweg nach dem Nehrungssee weiter bis zum **Leuchtturm** zu laufen. Von hier nach links den Tanenwai bis zur Kinderklinik. Von hier über Süddorf, Steenodde zurück nach Wittdün, etwa 10 km. Den Leuchtturm kann man in den Sommermonaten besteigen, leider nur bis 12:30 Uhr.

Buhnen am Strand

Föhr, von Utersum nach Wyk

Besuch auf der „Grünen Insel", Strandwanderung ohne Schatten

Aufwand: ca. 15 km / 4 Stunden	**Karte:** Kompass Nr. 705 Amrum-Föhr
Einkehr: In Wyk, Utersum und dem Kliff-Cafe in Goting	**Info:** Föhr-Touristik Tel. 04681-30104 **http://www.foehr.de/**

Anfahrt/Ausgangspunkt aus dem Raum Flensburg über die B200, Abzweigung nach Bredstedt, in Goldelund über Lütjenholm nach Langenhorn abbiegen, von hier nach Dagebüll. Mit der WDR-Fähre in 45 Minuten nach Wyk auf Föhr.
Fahrplan der WDR-Linie **http://www.wdr-wyk.de/**
Parken direkt im Hafen/Anleger **Dagebüll**, oder kostenpflichtig im Ort vor dem Seedeich. Als Aufenthalt auf der Insel sollte man 5 - 6 Stunden einplanen. Auf Föhr fahren die Buslinien 1 und 2 jeweils eine Inselrunde nach links und rechts herum. Vom 6. April bis zum 2. November im 30 Minuten Takt, tagsüber.

Umrahmt von den Inselschwestern Amrum und Sylt und den Halligen liegt die zweitgrößte deutsche Nordsee-Insel Föhr mitten im Nationalpark Wattenmeer. Sie ist 82 qkm groß, hat 15 km Sandstrand, 4 Windmühlen, 3 historische Kirchen, 1 Stadt, 16 Dörfer, 1 Flugplatz, 1 Fluss, etwa 8600 Einwohner, ca. 11.000 Rindviecher, 3 Hundestrände, 20 qkm Wald und viele Hünengräber.

Sturm über Dagebüll

Nach der Ankunft in **Wyk** gehen wir leicht rechts vom Anleger auf die Bushaltestelle zu. In der Regel fährt der Bus im Stundentakt. Egal, in welche der 2 Linien Sie einsteigen, beide Fahren nach **Utersum**, bitte bis Utersum-Dorf lösen. Von hier gehen wir die Hauptstraße nach Süden, und die erste Straße nach dem Sparmarkt nach rechts, und an deren Ende nach links. Vorbei an Hügelgräbern (Triebergen) und an den Personalhäusern der **BFA-Reha-Klinik** gehen wir den breiten Weg nach rechts zum Strand. Von hier erblicken wir die Nordspitze von **Amrum-Odde**, und die Südspitze von **Sylt** mit dem Leuchtturm von **Hörnum**. Von hier aus kann man besonders im Winterhalbjahr, wenn das Watt weiß gefroren ist, romantische Sonnenuntergänge genießen.

Wir gehen jetzt den Fußweg oberhalb vom Strand nach links, und umrunden so die BFA-Klinik. Nach dem Wegende gehen wir am Strand weiter, und lassen die Sanddünen hinter uns. Nach einer Steilküste fordert uns ein Hinweisschild zum Verlassen des Strandes auf. Hier mündet der größte Fluss von Föhr, die **Godel** in das Meer, und ist das Brutgebiet seltener Vögel. Der Weg führt nun über die Wittsumer Godelbrücke. Hinter dieser verlassen wir den Teerweg, und gehen wieder am Strand weiter. Nach einem kleinen Rinnsal gelangen wir an das **Goting-Kliff**. Da sich hier ein **FKK-Strand** befindet, steht einer Pause und einem Bad im Meer nichts im Wege.

Am Goting-Kliff erklimmen wir eine Holztreppe, und gelangen so zum Kliff-Cafe. Von hier aus können wir nach **Nieblum** wandern, dem schönsten Ort auf Föhr, und mit dem Bus nach Wyk zurück fahren. Wir wandern aber oberhalb vom Kliff weiter, bis ein Abstieg durch die Dünen zu einem Hundestrand führt. Wir folgen jetzt dem Strand, bis wir zu einer geteerten Strandbefestigung gelangen. Nach ca. 100 Metern können wir bequem auf dieser weiter wandern, bei Flut gibt es keinen anderen Weg. An dessen Ende gehen wir wieder am Strand weiter, bis wir in Höhe eines höheren Wohnhauses wieder auf einer Strandbefestigung weiter gehen können.
Ab hier führt nun die Strandpromenade über Südstrand, Leuchtturm und Hallenbad zurück zum Hafen.

Toftumer Vorland

Um den Ellenbogen von List auf Sylt

Deutschlands nördlichste Spitze, nur Sand und Wasser

Aufwand: ca. 10 km / 3 Stunden	**Karte:** Kompass Nr. 701 Sylt Kompass-Wanderbuch 940
Einkehr: Kurstrandhalle am Weststrand von List, im Lister-Hafen und auf der Fähre.	**Info:** Kurverwaltung List Tel. 04651-95200 **http://www.list-sylt.de/** **Fähre: http://www.frs.de/sylt/romo.htm**

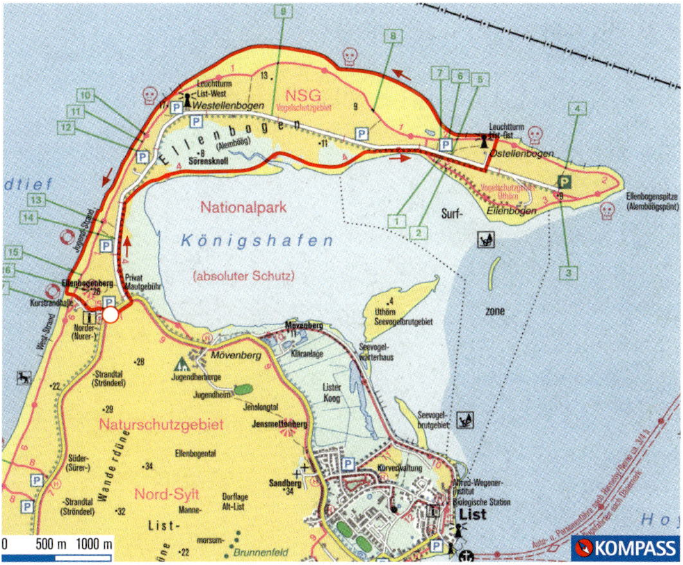

Anfahrt/Ausgangspunkt ist der Fährhafen **Havnby** auf der Insel **Rømø**. Aus dem Raum Flensburg gibt es 2 Anfahrtsmöglichkeiten. Über den Grenzübergang Kupfermühle bis Kruså.

Gleich hinter der Grenze auf der linken Seite sehen Sie das täglich!! geöffnete Kaufhaus Rita, mit dem umfassendsten Kerzenangebot vom **Løgumkloster** und vielen kunstgewerblichen Waren, und einer großen Lebensmittelabteilung, in der dänische Spezialitäten angeboten werden. An der Ampel-Kreuzung in **Kruså** nach links der Straße 8 bis **Tinglev** folgen. Ab hier der Nummer 401 bis Løgumkloster fahren.

Das Zisterzienserkloster aus dem Jahre 1137 sollte man besichtigen. Weiter geht es nach **Skærbeæk**. Wer Zeit hat, sollte das vor Skærbæk nach links ausgeschilderte Museum **Hejmsted-Oldtispark** besuchen, und sich in die **Eisenzeit** versetzen lassen. Nördlich von Skærbek geht es dann nach links über den **Rømø-Damm** bis zur Fähre in **Havnby**. Dies sind von Flensburg aus etwa 120 km in ca. 2 Stunden, da man nicht schneller als **80 km/h** in Dänemark fahren darf. Auch am Tage ist das **Abblendlicht** vorgeschrieben.
Schneller geht es ab **Ellund** über die „Grenzstraße" bis zur B5 bei Süderlügum. Hier nach rechts über die Grenze, der Straße 11 vorbei an **Tøndern** („Alte Apotheke", berühmt für Kunstgewerbe) bis hinter Skærbæk, zur Abzweigung nach **Rømø** folgen.
Das Auto bleibt auf dem kostenfreien Parkplatz. 2002 kostete eine Rückfahrkarte auf der Fähre für eine Person 4,50 Euro, Hunde sind frei. Die Überfahrt dauert etwa 50 Minuten. Wer mit der Fähre um 09:45 Uhr fährt, bekommt um 11:30 Uhr ab Hafen einen Busanschluss der Linie 5 (Strandverkehr) zur Kurstrandhalle am Weststrand. Natürlich kann man die 4 km auch zu Fuß über den Deich rechts entlang dem Lister Koog und Möwenberg laufen. Wir beginnen unsere Wanderung an der Mautstraße zum Ellenbogen.
Hinter der Kontrollstelle (Maut) nach ca. 50 Metern beginnt rechts

Leuchtturm List-Ost

der Straße ein Wiesenpfad, dem wir bis zum Beginn der Dünen folgen. Das ganze Gelände ist im Privatbesitz, und wird strengstens überwacht. Da hier Schafe überall frei weiden, das Wattenmeer mit dem Seevogelbrutgebiet Uthörn absolutes Schutzgebiet ist, wird dringend davor gewarnt, Hunde frei laufen zu lassen.
Unterhalb der Dünen in Höhe Leuchtturm **List-West** gehen wir am Strand vom Watt des Königshafen weiter auf den Leuchtturm List-Ost zu. Wir nähern uns wieder der Straße, und ab einem Parkplatz gehen wir auf dieser weiter, bis uns ein Weg nach links an einem Haus vorbei, direkt zum Leuchtturm **List-Ost** führt. Von dort ein herrliches Panorama.
Vom Leuchtturm suchen wir uns einen Abstieg durch die Dünen zum Strand. Hier lohnt es sich, nach stürmischen Wetter auf angeschwemmten Bernstein am Flutsaum zu achten. Wir gehen nach links, immer am Wasser entlang bis zur Kurstrandhalle von List, und mit dem Bus zurück zum Hafen.

Wer viel Zeit hat, kann natürlich auch die ganze Nordspitze vom Ellenbogen umrunden, Zeitaufwand etwa 1½ Stunden.
Achtung, Baden ist wegen der starken Strömung und Wirbelbildung hier lebensgefährlich!!

Dünen am Ellenbogen

Stadtrundgang Friedrichstadt

„Klein-Venedig des Nordens"

Aufwand: ca. 2 Stunden	**Karte:** Kompass Nr. 712 Husum-St.Peter-Ording
Einkehr: Viele Möglichkeiten in Friedrichstadt	**Info:** Touristinformation Tel. 04881-19433 http://www.friedrichstadt.de/

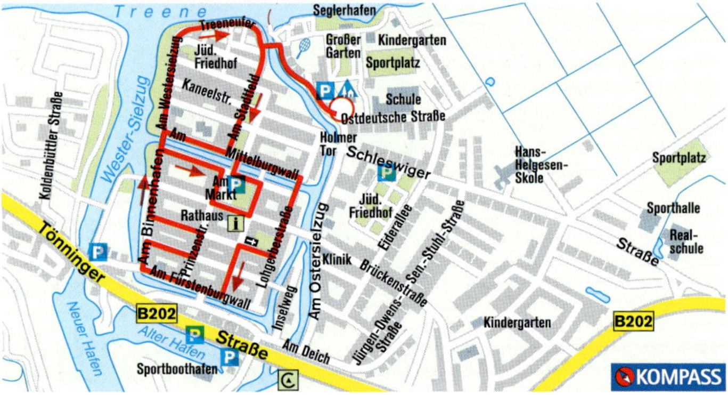

Anfahrt/Ausgangspunkt ist der Parkplatz 4 am Stapelholmer Platz im Zentrum. Zu erreichen über die B202.

Friedrichstadt wurde im holländischen Stil der Renaissance errichtet. Vom Parkplatz aus geht man nach rechts am Ostersielzug entlang zum Treene-Ufer. Hier werden Grachten-Fahrten durch die Stadt und Ausflugsfahrten nach Schwabstedt angeboten. Wir überqueren den Ostersielzug über eine schmale Brücke (Schleuse) und gehen links zum Stadtfeld mit dem kleinen Park in der Mitte. Über die Steinbrücke, welche über den Mittelburggraben führt, kommt man zum Marktplatz, dem Mittelpunkt des kleinen Holländerstädtchens. Hier finden Sie das Rathaus, die Treppengiebelhäuser, und vor den Linden die Marktpumpe mit dem gotikähnlichen Brunnenhäuschen. Es wurde 1879 von dem Architekten Heinrich Rohardt errichtet und der Stadt zum Geschenk gemacht. Auf der Stirnseite des **Brunnenhäuschens** befinden sich 4 Versinschriften, die von Klaus Groth in plattdeutscher Sprache speziell über das Wasser gedichtet wurden. An zwei Seiten des Marktes, auf dem im Frühling die Krokusse und Märzenbecher in großer Anzahl blühen, sieht man noch die dicken, geländerartigen Eisenstangen, an denen einst während der Pferde- und Viehmärkte die Tiere festgebunden wurden. Die Westseite des Marktes bildet mit 9 Treppengiebelhäusern (Nummer 16 - 24) eine einzige, im wesentlichen geschlossene Front holländischer Kaufmannshäuser aus der Gründungszeit. Herausstechend sind die in den Giebeln angebrachten Hausmarken (Seerose, Adler, Sternenhimmel, Mühle usw.). Diese Hausmarken findet man im gesamten Altstadtkern an verschiedenen Häusern wieder. Über die Steinbrücke des Mittelburggrabens gelangt man zum **Neberhaus** (Am Mittelburgwall Nr. 24). Das Gebäude mit der wertvollen Innenarchitektur galt als Musterbeispiel der holländischen Wohnkultur (gebaut zwischen 1621 und 1630). Besonderes Kennzeichen ist die typisch vorgeneigte Fassade. Als Baumaterial verwendete man holländische Moppen, kleine rote Backsteine. Vom Mittelburgwall gelangt man über die „Lütje Brück" zum 1622 erbauten **Grafenhaus**. Der Nordgiebel des Hauses wurde 1961 restauriert. Es ist ein langgestrecktes Traufenhaus mit hohem Unter- und niedrigem Obergeschoß von neun Achsen. Wir gehen die Lohgerberstraße bis zu einem Friedhof, dann nach rechts in die Kirchenstraße, und kommen zur **Remonstrantenkirche**. Diese ist die einzige Kirche dieser Glaubensrichtung außerhalb der Niederlande. Die heutige Kirche ist der Nachfolgebau der 1850 zerstörten, fast quadratischen Saalkirche. Der Neubau wurde in den Jahren 1852 bis 1854 nach Entwürfen von Pastor Mensinga und F. Holm errichtet (längsrechteckiger Ziegelbau mit Flachdecke. Nach remonstrantischem Ritus fehlt ein Altar, so dass die Hauptblickrichtung der in der Mitte der Stirnwand angeordneten Kanzel gilt. Die durch das Fehlen jeglichen Schmuckes erzielte Schlichtheit des Raumes fällt in der hell durchleuchteten Kirche kaum auf. Der Turm weist schon von weit her den Besuchern den Weg.

Zu den **Remonstranten**: Die Bruderschaft der Remonstranten wurde 1619 in Antwerpen gegründet, nachdem den remonstrantischen Predigern die weitere Teilnahme an der Landessynode in Dordrecht untersagt worden war. Der Name Remonstranten geht auf eine Streit- und Bekenntnisschrift aus dem Jahre 1610 zurück. Von hier aus gelangt man durch die Kirchenstraße zur Prinzenstraße und geht direkt auf das **Paludanushaus** zu, ein schneeweißes majestätisches Eckhaus (Prinzenstraße Nr. 28). Das sog. Paludanushaus wurde 1637 für den Weinhändler Godefridus Paludanus errichtet. Die Hausmarke, Weinkübel und Traube, weist auf Paludanus' Beruf als Weinhändler hin. Den Eingang ziert eine prachtvoll geschnitzte Tür alter Handwerkskunst. Im Innern sind noch die Diele, der Mittelflur, drei alte Treppen sowie zwei Barock- und eine Rokoko-Tür erhalten. Seit 1962 gehört das Haus der dänischen Gemeinde. Schräg gegenüber dem Paludanushaus liegt das 1624 erbaute **Doppelgiebelhaus**. Nach Süden entlang der Prinzenstraße führt der Weg zum Fürstenburgwall. Neben dem Haus Nr. 17 steht die **Katholische Kirche** St. Knuth, die Kirche ist nach dem dänischen König

Knuth IV. und dessen Schutzpatron benannt. Die Apostelfiguren sollen aus der Anfang des 19. Jahrhunderts abgebrochenen Husumer Marien-Kirche stammen. Wir gehen nach rechts „Am Binnenhafen“ bis vor den Mittelburggraben. Nach rechts kommen wir zur „**Alte Münze**“. Dieses in Norddeutschland wertvollste Bauwerk der niederländischen Renaissance ist original erhalten und wurde 1626 errichtet. Die Frontfassade fällt besonders durch die bleiverglasten Fenster und die große Ladetür auf. Dieser bedeutende Bau, der das Wappen des ersten Statthalters Adolph van Wael van Moersbergen trägt, ist niemals als Münzprägewerkstätte benutzt worden, sondern diente dem Statthalter als Amtssitz. Wer nun aber durch die bescheidene Pforte den kleinen Vorhof betritt, steht dann vor dem Betsaal der **Mennoniten** mit dem dahinterliegenden Mennonitenhof. Die Mennoniten sind eine evangelische Glaubensgemeinschaft, gegründet von dem Friesen Menno Siroons (1492-1559). Im Gegensatz zu den anderen Glaubensgemeinschaften werden hier nur Erwachsene getauft. Sie lehnen den Eid und jegliche Gewaltanwendung (z.B. den Waffendienst) ab, legen aber großen Wert auf praktische Wohltätigkeit. Über die Steinbrücke am Markt gehen wir auf der anderen Seite des Mittelburggrabens zur **Ev.-Luth. Kirche** mit dem Namen St. Christophorus. Der Bau wurde 1649 vollendet, die Wände des Saalbaues sind, wie viele Häuser in der Stadt, aus holländischen Moppen gefertigt, aus Sandstein die Fensterumrahmung sowie das Portal und die Mauerecken. Der Turm mit seiner jetzigen Form besteht seit 1762 und ist größtenteils aus Granitsteinen von einer abgebrochenen Schleuse errichtet. Die älteste der drei Glocken (Ton e), 1624 gegossen, stammt aus einer bei der Sturmflut 1634 untergegangenen Kirchen von Alt-Nordstrand. Bedeutendstes Kunstwerk ist das Altarbild „Die Beweinung Christi“, das 1675 der berühmte Maler Jürgen Ovens der Kirche geschenkt hat. Der barocke Rahmen ist ebenfalls eine Stiftung Ovens. Das Gemälde zeigt den Einfluss Rembrandts und van Dycks auf das Schaffen des Künstlers. Links oben im Gemälde, bescheiden im Dunkeln, sieht man den Künstler selbst mit gefalteten Händen. Jürgen Ovens wurde 1623 in Tönning geboren, war von 1632 bis 1657 und seit 1663 in Friedrichstadt ansässig. Er bewohnte ein Herrenhaus am Fürstenburgwall. Jürgen Ovens starb 1678 in Friedrichstadt und wurde unter dem Altar der ev.-luth. Kirche beigesetzt. Die Kanzel ist eine Schnitzarbeit aus der Werkstatt des Flensburger Meisters Ringerinck (um 1600) und stammte, wie der Taufstein, aus der 1634 untergegangenen Kirche zu Lith auf Nordstrand. Am Binnenhafen entlang, Richtung Treene, gelangt man zum alten **Jüdischen Friedhof**, der 1677 von der jüdischen Gemeinde erworben wurde. Einige Stümpfe alter Grabsteine sind dort, um eine Gedenktafel gruppiert, noch zu sehen. Weiter entlang am Treeneufer und über die Brücke am Ostersielzug, gelangt man nach Süden zurück zum Parkplatz.

Stadtrundgang Husum

Die graue Stadt am Meer?

Aufwand: ca. 2 Stunden	**Karte:** Kompass Nr. 712 Husum-St.Peter-Ording
Einkehr: Viele Möglichkeiten in Husum, besonders am Hafen.	**Info:** Hotline Tel. 04841-89870 http://www.husum.de/

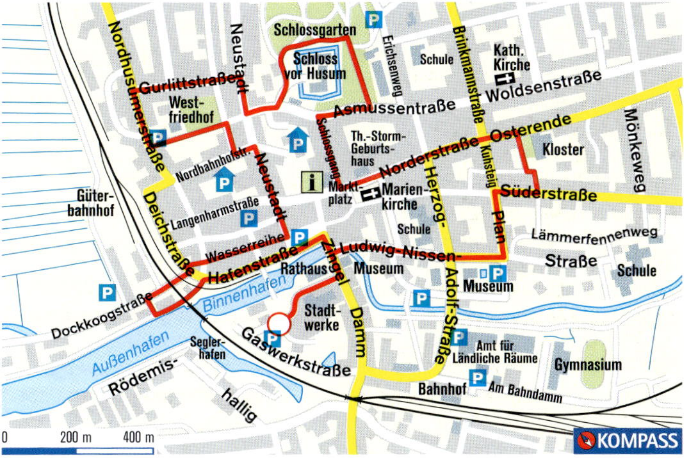

Anfahrt/Ausgangspunkt von der B5 über die Abfahrt **Husum-Hafen** nach der Bahnunterführung nach links auf den großen Parkplatz bei den Stadtwerken.

Von hier aus „Am Binnenhafen“ nach rechts, vorbei am Rathaus, vor dem Schifffahrtsmuseum nach links, dann nach rechts in die Ludwig- und weiter in die Nissenstraße bis zum Nissenhaus. Dies Museum sollte man besichtigen. Es informiert anschaulich über die Landschaftsgeschichte, Besiedelung, Volkskunde, Kunst und Kultur von **Nordfriesland**. Die nächste Straße nach links, und nach rechts in die Süderstraße bis zum Klosterfriedhof, auf dem Theodor Woldsen Storm in der Familiengruft 1888 beigesetzt wurde. Das angrenzende Gasthaus zum Ritter St. Jürgen wurde im Mittelalter gegründet und beherbergt noch heute Senioren, die dort ihren Lebensabend verbringen. Vom Osterende gehen wir nach links über die Norderstraße, vorbei an den aus verschiedenen Stilepochen stammenden Geschäfts- und Wohnhäusern zum Marktplatz. Dieser, und die anschließende Großstraße bilden den Kern der heutigen

Innenstadt Husums. Geprägt von alten Bürgerhäusern mit eindruckvollen Giebelfronten, dem alten Rathaus und der imposanten Marienkirche bildet der Marktplatz das Zentrum von Husum. Das Haus Nr. 9 an der Nordseite des Marktplatzes ist das Geburtshaus des bekannten Husumer **Dichters Theodor Storm**. Direkt daneben befindet sich das „Herrenhaus", dessen bemerkenswerte Stufengiebel durch Sandsteinköpfe verziert sind. Jeden Donnerstagvormittag findet auf dem Marktplatz ein großer Wochenmarkt statt, auf dem zahlreiche Anbieter ihre regionalen und überregionalen Produkte zum Verkauf anbieten. Das alte Rathaus steht an der Nordseite des Marktplatzes und wurde im Jahr 1601 errichtet. Im Laufe der Zeit erfolgten einige Umbaumaßnahmen, die den Bedürfnissen der jeweiligen Zeit angepasst wurden. Die Halle im Untergeschoss mit ihrer eindrucksvollen Holzbalkendecke beheimatet heute die Husumer Tourist Information. Die Tine, das heimliche Wahrzeichen Husums steht auf dem Sockel des 1902 geschaffenen Marktbrunnens. Von dem gebürtigen Husumer Bildhauer Adolf Brütt geschaffen, stellt die bronzene Figur eine junge Fischerfrau in Holzschuhen dar. Die **Tine** in Husum erinnert an zwei Wohltäter der Stadt: Friedrich Woldsen und **Catharina** Asmussen, von deren Namen auch die Kurzform für die Figur abgeleitet ist. Durch den Torbogen im Rathaus führt der Schlossgang zum **Schlosspark** und Schloss. Wir überqueren schräg nach rechts die Asmussenstraße, und gehen in den Park, wobei wir das **Schloss** umrunden, und das Eingangsportal als Ausgang nutzen. Das Einmalige des Husumer Schlossparks ist die im **März/April stattfindende Krokusblüte**, bei der schätzungsweise über 4 Millionen Krokusse erblühen und die gesamte Rasenfläche in ein einziges violettes Blütenmeer verwandeln. Jährlich werden Tausende von Menschen von der einzigartigen Blütenpracht angelockt. Im Schlosspark steht das bekannte Storm-Denkmal, das von dem bekannten Husumer Bildhauer Adolf Brütt geschaffen wurde. Der Eingang zum Schlosspark wird von einem aus dem frühen 17. Jahrhundert stammenden Portal aus Sandstein überthront. Das Schloss „vor" Husum im Herzen des Schlossparks wurde Ende des 16. Jahrhunderts auf einem Gebiet errichtet, das damals noch nicht zur Stadt Husum gehörte. Geprägt von hohen Giebeln und Türmen stellt das Schloss eines der Wahrzeichen der Stadt dar. Im Inneren können das Treppenhaus, der Rittersaal, die Schlosskapelle und die verschiedenen Empfangsräume besichtigt werden und zusammen mit den zahlreichen antiken Einrichtungsgegenständen wird dem Betrachter ein sakraler Eindruck vermittelt. Von der Schlossstrasse nach rechts die „Neustadt" , und die erste Straße nach links bis zum Ostenfelder-Haus. Dies ist ein Bauernhausmuseum, welches man besichtigen sollte. Von hier zurück zur „Neustadt", und diese nach rechts bis zur „Wasserreihe". In der parallel zur Hafenstraße verlaufenden Wasserreihe spielte sich früher ein großer

Teil des Hafenlebens ab. In der kopfsteingepflasterten Fußgängerzone stehen kleine beschauliche Häuser, die liebevoll restauriert wurden. In dem Mitte des 18. Jahrhunderts errichtetem Bürgerhaus mit der Hausnummer 31 hat **Theodor Storm** viele Jahre gelebt. Heute dient das Innere des Hauses als Museum und der schöne Garten lädt zu einer Besichtigung und zum Verweilen ein. Weiter gehen wir nun über den Bahnübergang zum Außenhafen. Der Außenhafen ist durch zwei Klappbrücken vom Binnenhafen getrennt. Während der Binnenhafen heute einen eher verträumten Eindruck vermittelt, wird das Bild am Außenhafen vor allem durch hohe Getreidesilos und durch eine Fischkutterflotte bestimmt, die von hier aus zu den Fischgründen in der Nordsee startet. Nach einem kurzen Rundgang geht es nun zurück über die Hafenstraße zur Schiffsbrücke. Die Bebauung der westlichen Altstadt wird von der Beziehung zum nahen Hafen geprägt. Die Hafenstraße hat sich durch ihre vielfältige Gastronomie und den alten Lagerhäusern in den letzten Jahren zu einer beliebten Szenerie entwickelt. Vielerlei Spezialitäten von heimischen Gerichten bis zur regionalspezifischen Küche werden in einem ungewöhnlichen Ambiente angeboten. Die Häuser an der Schiffbrücke sind zum größten Teil einheitlich in den Jahren 1852 und 1853 nach einer großen Feuersbrunst errichtet worden. Der Husumer Hafen besteht seit dem Ausgang des Mittelalters und hat bei der Entwicklung der Stadt Husum eine wichtige Rolle getragen. Besonders im 16. Jahrhundert war Husum eine bedeutende Hafenstadt an der Nordsee. Geprägt wird das Bild des Husumer Binnenhafens stark durch den Neubau des Husumer Rathauses, das 1989 an der Stelle der alten Schiffswerft entstanden ist, an die noch eine denkmalgeschützte Slipbahn und ein alter Tonnenleger erinnert. Vor der „Schiffsbrücke" führt von der Hafenstraße aus eine Holzbrücke zum Parkplatz zurück.

Husum Binnenhafen

Holnis kleines Noor

Havneby
Nørre Løgum
Bredebro
Koldby
Løgumkloster
Sølsted
List
Sylt
Søvang
Wenning-
stedt
Kampen
Højer
Tønder
Møgeltønder
Sæd
Burkal
Westerland
Hindenburg-
damm
Sylt-
Ost
Rantum
Morsum
Klanxbüll
Neukchn.
Ladelund
Braderup
Achtrup
Niebüll
Walls
Föhr
Hörnum
Leck
Dagebüll-
Hafen
Stadum
Oldsum
Sande
Enge
Utersum
Norddorf
Wyk
Langenhorn
Goldelun
Oland
Langeneß
Amrum
Wittdün
Gröde-
Appelland
Bredstedt
Drelsdor
Japsand
Hooge
Pellworm
Hattstedt
Norderoog-
sand
Ostersiel
Norder-
hafen
Wobbenbüll
Schütting
Süden
Husum
Südfall
Nordstrand
Süder-
oog
Süderoog-
sand
Simonsberg
Oster-
hever
Kolden
büttel
Westerhever
Oldenswort
Eiderstedt
Garding
Lunden
St. Peter-Ording
Kating
Tönning
Vollerwiek
Eiderdamm
Weddin
stedt
Wesselburenerkoog
Wesselburen
Heide-
West
Blauort
Wöhrden
Heide-
Süd
Tertius
Büsum
Meldo
Nordfriesische Inseln
Nordfriesland
Dithm
1h
4 h
3 h
3 h
2 1/2 h
2 h
Kartengrundlage: © Mairs Geographischer Verlag, D-73751 Ostfildern

Rødekro
Aabenraa N./Rødekro
Hellevad
Aabenraa
Aabenraa Fjord
Holm
Nordborg
Kleiner Belt
Bøjden
Svenstrup
Lyø
Als
Fynshav
Raved
Sønderborg
Felsted
Bovrup
Guderup
Belt
Kliplev
Adsbøl
Augustenborg
Tinglev
Gråsten
Mommark
Tinglev-Gråsten
Rinkenæs
Sønderborg
Broager
Skovby
Kruså
Skelde
Sønderby
Glücksburg
Flensburger Förde
Neukirchen
Harrislee
Nieby
Flensburg
Falshöft
Flensburg-Harrislee
Husby
Steinbg. Kirche
Gelting
Großenwiehe
Flensburg
Sterup
Sörup
Angeln
Wanderup
Satrup
Mehlby
Großsolt
Schlei
Tarp
Tarp
Kappeln
Böklund
Süderbrarup
Schönhagen
Jörl
Karby
Treene
Twedt
Viöl
Jübek
Thumby
Ostseebad Damp
Rieseby
Schlesw./Schuby
Schleswig
Schwansen
Treia
Silberstedt
Busdorf
Schlei
Waabs
Eckernförder Bucht
Surendorf
Schlesw./Jagel
Haithabu
Fleckeby
Eckernförde
Jagel
Strande
Hollingstedt
Groß Wittensee
Kieler Förde
Schwabstedt
Kropp
Gettorf
Altenholz
Owschlag
Owschlag
Wittensee
Friedr.-Ort
Norderstapel
Rendsbg. Büdelsdf.
Heikendorf
Büdelsdorf
Schacht-Audorf
Kronshagen
Christiansholm
Fockbek
Bredenb.
Erfde
Eider
Hohn
Rendsburg
Kr. Kiel-W.
KIEL
Achterw.
Rends-Westensee burg
Westensee
Molfsee
Pahlen
Hamdorf
Raisdorf
Flintbek
Eider
Jevenstedt
Blumenthal
SCHLESWIG-
Wrohm
Warder
Nordhastedt
Hamweddel
Bordesholm
Bordesholm
Bordesholm
Albersdorf
Nord-Ostsee-K.
Nortorf
Hanerau-Hademarschen
Neum.-Nord
Wankendorf
Albersdorf
Schafstedt
Hohenwestedt
Hanerau-Hademarschen
Aukrug

KOMPASS
Nr.1 für Wanderkarten
KOMPASS
Wanderkarte mit Radtouren 701
Insel Sylt
mit allen Ortsplänen und Straßenverzeichnissen
1:40 000
www.kompass.at
KOMPASS
Wander- und Radtourenkarte 705
Amrum · Föhr Langeness
im Nationalpark Schleswig-Holsteinisches Wattenmeer
1:40 000
Mit KOMPASS Lexikon
KOMPASS
Wander- und Radtourenkarte 707
Flensburg · Kappeln
1:50 000
Mit KOMPASS Lexikon
KOMPASS
Wander- und Radtourenkarte 714
Rendsburg Eckernförde
1:50 000
Mit KOMPASS Lexikon
KOMPASS
Wander- und Radtourenkarte 715
Kiel · Preetz Lütjenburg
1:50 000
Mit KOMPASS Lexikon
www.kompass.at
Outdoor-Orientierung